當下就是新生

吳若權——著

目次

01 通靈

02 前世

03 連結

04 歸零

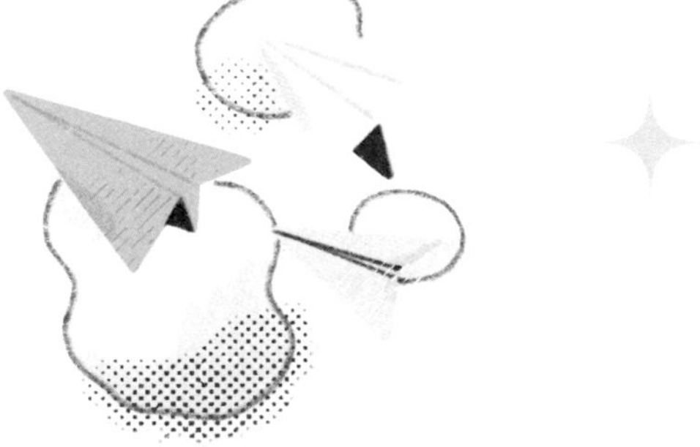

05 真愛

06 祈禱

07 圓滿

自序

創造自己，就是最偉大的奇蹟

靈魂之旅的全部意義，在於淨化自己的負面特質，療癒過去的痛苦和精神創傷，並且釋放限制性的信念。

——李爾納．杰克伯森（Leonard Jacobson）

正式拜觀世音菩薩為師那天清晨，我竟在郊外原本很熟悉的途中迷路。開車幾經繞路又曲折往返，幸好終能平安趕上良辰吉時，遵循傳統儀軌完成程序。這是朝聖路上，常見的干擾。妖魔鬼怪和冤親債主俱時前來，設下路障，試圖阻礙。唯有一心堅定，才能抵達。

驚魂甫定想想，這就是人生啊。原來連那些妖魔鬼怪和冤親債主，都是值得感謝的對象，他們依照劇本如實演出，測試求道者是否真的能夠永不退轉，也藉此清理磁場，化解累世的因果業力。

相隔一年後，母親突然被診斷出罹患七顆惡性腫瘤，體積最大的直徑高達六點九公分，因為她的身體狀況特殊，找不到有把握的治療方式，全家人坐困愁城。在「啟動安寧照護」與「冒險嘗試成功率低於三成的手術」間掙扎徘徊。我忙到沒有時間去埋怨命運的安排，但想知道隱藏於其中的課題。

再度把自己帶到觀世音菩薩殿前日夜祈禱，回家在網路搜尋先進的醫藥資訊，竟出現一線契機，幸運找到當年最新自費治療方式，經過五年的醫療照護與追蹤檢查，依照台灣醫療規定，取消重大傷病資格，被宣告痊癒。

回顧這件始於七年前的往事，過程中的痛苦與辛勞，每一刻都漫長如永夜。金錢、體力、時間、情緒，處於長期透支的狀態。為了在劇烈的重創中找回平靜，我應用過往所有靈性的學習來對治自己，看看是否能創造奇蹟？

每一件深刻的經歷，尤其是痛苦的遭遇，都能創造奇蹟：發現一個更強大、更能承擔的自己

無論在專業醫界或親友雜談，母親罹癌能完全康復，都被視為奇蹟。而我也在過程中得到療癒，發現自己比想像中的更強大，則是另一個奇蹟。

獲得醫療團隊的高明照顧，是家母康復的重要條件。配套方案是她願意接受我在身心靈領域學習到的方法，陪她進行身心療癒，包括：讀誦與抄寫《心經》、療癒密碼七個祈禱式、零極限清理潛意識等，至今仍持續進行。

生命的每一刻，都在創造奇蹟。我們所碰到的每一件深刻的經歷，尤其是痛苦的遭遇，就是一張彩券。不同的是，毋須被動等待別人宣布幸運號碼兌獎，只要保持內心的平靜，並在當下的每個反應中做對選擇，就等同於是在為自己主動開獎，而且會持續串聯，驚喜不斷。

我從小就發現自己有敏感體質，是個所謂的「高敏人」。日常接收到的訊息量很大，種類也很多元。身旁有幾位具有類似特質的朋友，都說他們會感

到十分困擾，例如：有時與世人格格不入，有時被誤會為怪力亂神，有時還因此讓自己情緒更憂鬱……

在世俗的世界，我是典型的年少無知，中學課業成績糟到一塌糊塗，連高中都沒有考上；但在靈性層面，我可能算是聰明早慧，知道自己是「高敏人」，加上好奇的個性，對神祕學極感興趣，五歲前就會不斷問自己：「我是誰？」「我來到這裡是要做什麼？」持續往內心深處尋覓解答。隨著成長經驗，在不斷找到自己、又推翻自己的過程，開始一連串創造奇蹟之旅。

所謂的強大，並非發現自己有多了不起，而是更有承擔的能力，不會輕易被命運擊倒。正因為經歷許多坎坷，才能練就對痛苦細細品味的能耐，以苦中作樂的行動，換來苦盡甘來的體會。進而明白：**只要在第一時間就接納臣服，所有的遭遇如同一杯上等的精品咖啡，含有苦中回甘的美好滋味。**

承擔長達將近三十年的照護任務，雖然困住我走向外面世界的行旅，卻讓我及早展開往自己內在的朝聖。於是對人生的痛苦有特別的感觸：**渴求離苦得樂，是一種妄念；只要不再相信自己頭腦的念頭，就可以在當下解脫。**

恐懼，只是一時的幻相，是「小我」的詭計，目的是為了通過考驗後，與神合一

為了尋找真正的自己，每個人都需要改變方向，從心啟程，也重新出發。把向外追求，轉為往內探索。就像以下這個例子：

她夢見自己正在列車上，急於尋找遺失的行李，裡面是畢生所有的家當。她在每一節車廂往返搜尋數次，卻毫無所獲。她越來越焦慮、也越來越絕望。

此刻另一班列車駛過，喇叭聲差點讓她驚醒，但想到行李尚未找回，她依然執迷於夢中繼續追尋。直到她覺察：只要醒來，就會發現自己根本不在列車上，也沒有遺失行李！此刻，她才能夠真正地清醒過來。

這是澳洲靈性作家李爾納．杰克伯森（Leonard Jacobson）引述的寓言，用以說明大多數人並沒有在當下真正處於「臨在」的狀態。我們明明活在現實中，卻因為一心想要逃避痛苦，而出發尋找未被滿足的需求，試圖療癒過去情緒的創傷，結果只會不斷迷失在向外出發的旅途之中。

如何不再沉迷於夢境中的追尋？唯一解決問題方法是：往內在覺醒。也就是：**在人生的每個情境中，保持高度的覺察，以便於辨識眼前的遭遇，隱藏著自己這一生來到地球的真正課題，並因為臣服接納而能夠承擔各種情緒與挑戰。**

即使當下的情狀是逆境，並且深感痛苦，也會因此而看穿：這些恐懼都只是劇本，是一時的幻相，是「小我」的詭計，目的是為了讓靈魂通過層層考驗，在完成任務後回歸與神合一。時時刻刻提醒自己，不要被頭腦誤導，只須聽從心的指揮，掙脫「限制性的信念」，就能活出比想像中更強大的自己。

啟動靈性療癒的旅程，此刻即出發。在看遍生離死別、歡喜哀愁的人生風景同時，將會逐一辨識並且更能確認：外在的一切都是虛幻，唯有不斷轉念與放下，才能成就自己於實相之中。十二年前書寫《向宇宙召喚幸福》的我，已經隨著過往幻滅；而今以《當下就是新生》重返人間，願以此第一二一號作品，與讀者一起再度啟程，終將發現：**創造自己，既是最偉大的奇蹟；放下自己，也是最重要的練習。**

吳若權

只要在第一時間就接納臣服，
所有的遭遇如同一杯上等的精品咖啡，
含有苦中回甘的美好滋味。

啟程說明

靈魂鍛鍊的自主旅行

進入心的神聖空間並不是一種學習的過程，而是一個「憶起」的過程。因為我們從初始以來，一直在那裡面。

——德隆瓦洛．默基瑟德（Drunvalo Melchizedek）

這是一段非比尋常的旅程。你將會在旅程中，重新與自己相遇。往自己的內在出發，向心靈更深處走去，回頭看見此生最初啟程的目的與意義。無論外在的形式是幸福美好，或者滿身是傷，其實並不重要。因為世俗的財富、成功、快樂，並非衡量人生成功與否的指標；靈魂要我們鍛鍊自己的課題是：面對挫折時產生勇氣；在學習寬恕中自我療癒。

從小我就很喜歡探索未知的事物，對靈魂與命理感到好奇。父親有位好友，精通紫微斗數，從命盤排列斷言我頭髮粗黑捲曲、脾氣剛烈堅毅、少小離家漂泊、闖蕩五湖四海、擅長開創革新，是典型的「殺破狼」格局，集「七殺」、「破軍」、「貪狼」特質於一身。

幾十個寒暑飛馳而過，人生從中年到熟齡，幾度審視這張已經在時光中泛黃的批命書，我所百感交集的，並非宿命的注定，而是對人生每一次的遭遇，充滿感謝與臣服。隨順著命運蜿蜒的河流，如「輕舟已過萬重山」經歷「兩岸猿聲啼不住」的風景，但願自己在每一刻都能做出具有覺察力的選擇，當下就是新生。

即使在生命的谷底，依然能夠深刻體驗那些挫折要給我的挑戰，咬牙忍淚打開每一件禮物，臣服領受那些被隱含於痛苦折磨裡的智慧寶藏。歡樂與悲傷，都淋漓盡致。

功過成敗，都只是幻相；
真正的實相是：覺察愛的本質。

這是一趟由靈魂帶領的自主旅行，途中將與你分享這些年來療癒自我的過程，以及重大的發現。其中有很多真實的故事，是第一次公開；有些實際的體驗，或許讀者已經聽聞，卻是全新的詮釋。而貫穿其中的是，每個人這一生來到地球必須學習使命，或許事件並不相同，但核心要義都是：當艱困的挑戰出現的時候，如何清理負面的念頭，鍛鍊面對的勇氣與處理的智慧；當傷害已經冷不防地烙印在心中，如何寬恕所有的錯誤，懂得原諒自己、放過別人，永遠記得回歸愛的路途。

我是個早產兒；幼時常因重病而進出醫院；童年曾失足落水獲救；國中遭受霸凌；家人關係緊密卻總是聚少離多；十二歲前搬過四次家；求學過程坎坷；高中落榜；打工做過十幾種性質不同的工作；職場服務的產業超過二十種以上；三十歲前已經旅行將近三十個國家；而立之初，母親中風病倒；不惑之年，父親驟然離世；至今出版超過一百二十部跨領域主題的作品；聽過我演講的人數已經超過七十萬人次……

這些世俗的經歷，看起來豐富多彩。然而我知道，無論功過成敗，都只是幻相，並不是靈魂衡量一個人來到世間是否「使命必達」的標準。真正的實相是：覺察愛的本質，透過靈魂與肉身的對話，用寬恕與療癒，帶領自己從此岸航向彼岸。

幾位朋友聽過我的分享，或閱讀過《當下就是新生：向宇宙召喚幸福，踏上靈魂鍛鍊的旅程》這本書的部分篇章，反應大不同。有的朋友十分驚喜地發現，我的內在有過如此豐盈的旅程，即使滄桑，也是幸福。有的朋友說他們讀完這本書稿，彷彿看了一本由靈魂帶領通往內心深處的遊記，似曾相識地應和著他們相似的經歷。有的朋友長期活在向外追求成功的表象，從未接觸過任何靈性探索的課題，於是就把這本書，當作他首次向內心出發探訪心靈的旅遊指南。

目前正捧讀著這本書的你，會是哪一種類型的朋友呢？是年輕得還有很多夢想與憧憬，擔心自己是否能夠一一實現；或已經成熟到知道所有的夢想與憧憬，都必須是當下的付出與實踐？是感情純粹得如一張淨白的畫紙；或已經塗抹過萬紫千紅，在傷痕累累中期待反璞歸真？是和親人朋友互相對照過而明白累世的緣分；或是在誤解與紛爭中遺忘彼此相遇的初衷？

其實以上每個階段的人生，我都曾經親自深刻地經歷。回頭細數那些興奮喜悅的時光、低沉痛苦的日子，猶如檢視穿梭歲月中出站入站、出境入境的每張票根。

向宇宙召喚幸福，是一無所有，卻又擁有一切

這趟「向宇宙召喚幸福」的內在之旅，我出發得很早，可能從童年就已經啟程，卻在近幾年來才有足夠的能力與機緣，讓內在漸漸沉澱，將珍藏已久的每張票根拼湊出一張完整的靈性探索地圖。

彷彿回首凝望時間的長廊，讓靈性的光芒穿透所有的記憶，在灰飛煙滅之後，清晰寂靜地有如山嵐盡退的森林。沐浴著溫暖的初陽、迎面而來是清涼的晨風、雨露像珍珠鋪串綠葉紅花之間、赤足漫步在散發青草與泥土味道的路上，我像是一無所有，卻又擁有一切。

我詳實記錄這段心靈療癒的旅程，以及每一站的經歷與體驗，依序彙整為七個療癒自己的靈性航站，與所有和我一樣希望無枉此生的讀者分享。以下是行前導覽摘要，邀請你一起出發！

第一站〔通靈〕：我曾經嚮往「通靈」，也鑽研學習過如何「通靈」，甚至有過多次被視為近似「怪力亂神」的種種體驗。千山萬水走來，我給「通靈」下一個全新的定義：每個人都可以具備「通靈」的能力，依循內在靈魂的指示，帶領自己通往靈性的道路。

第二站〔前世〕：多數研習靈性課程的學員，可能有過接受心靈導師協助的經驗，透過催眠了解自己的「前世」，曾經是什麼樣的人？有過什麼遭遇？以及對此生發生哪些影響？但更重要的學習是：如何理解「前世」的意義，進而放下對「前世」的執著。

第三站〔連結〕：從前世到今生，路過的人、經過的事，其實都具有彼此療癒的意義。根據哈佛大學的心理學教授斯坦利．米爾格蘭姆（Stanley Milgram）提出的「六度分隔理論」（Six Degrees of Separation）——你和任何一個陌生人之間所間隔的人不會超過六個。也就是說，最多通過六個人你就能夠連結另一個人。然而，此生你和家人朋友連結的意義是什麼？你和內在最高的自我，要如何連結呢？我將在此分享這個秘密。

第四站〔歸零〕：當我們學習洞察「連結」的意義，並能夠順利地接收來自高我的訊息之後，就讓一切回到原點；甚至勇敢地捨下肉身七情六慾的「連結」，重新回歸內在，接受靈性高我的指揮。

第五站〔真愛〕：愛自己！但如何真正愛自己，而且不傷害到別人、也不被對方傷害？當「愛自己」被普遍誤用，扭曲愛的真諦，而且讓「愛自己」變為陳腔濫調、或油腔滑調的時候，我們應該慎重地還原愛的真相，讓相愛的人，彼此寬恕，相互療癒。

第六站〔祈禱〕：上天絕對可以讓每個人所有的願望都達成。擁有健康、享受財富、獲得摯愛；但前提是：自我本身沒有匱乏的記憶或感覺，全然地感受內在的豐盈，並且確定你所祈禱的不是妄想，而是真正的願望。

第七站〔圓滿〕：心和平，世界就和平。每個人，都是一個小小的宇宙。而存在於古往今來不受時空限制的大宇宙，反映出的也就是每個生命內在的總和。透過自我的覺察，群體將得到更超然的醒悟。

放不下的，就帶著走。
覺得多的，就捨了罷！

我沒有把這幾十年來的靈性學習與體驗，特別歸納為「靈修」的範疇，也不用「二分法」去判定它「是」或「不是」。我只能說這是一趟特別的旅程，也是難能可貴的一段自我成長的歷程。讓我向內看見自己，釐清心中的很多疑惑、療癒成長的許多創傷。

在此之前，匆匆經歷無數的悲歡離合，以為浴血重生的我已經都修復好了，真正回頭看才知道，原來還有那麼多的內在創傷需要處理。

曾經萬般掙扎在提起與放下之間，直到看穿沉浮起落的虛妄，才知道人生不必強求什麼，其實也沒有失去什麼。放不下的，就帶著走。覺得多的，就捨了罷！自在快樂，隨心慢活。

愛與恐懼；天堂與地獄。這是我們每個人無時無刻都在上演的穿越劇，至於會去到哪個場景，決定於自己的選擇，就像小時候玩的「大富翁」桌遊，無論選擇的是「命運」或「機會」，都靠自己當下的一念之間做出決定，不同的是：玩「大富翁」桌遊時的紙牌是蓋住的；而在真實的人生裡，這些紙牌都是掀開的，只是我們視而不見而已。

靈性療癒的旅途，是自我覺察的過程，要我們對自己明心見性，知道這是一種選擇，而且在做出決定之前，看見自己當下的決定，以及決定以後將改變什麼。

當你心中有愛，就能創造愛，帶領自己和對方處在天堂；當你懷著恐懼，

就會更疑慮，引導彼此的這段關係陷入地獄。

所有的叛逆與騷動，起因在於我們不滿自己的現狀，再往深沉的內在去看，是因為我們缺少了臣服的信念，只是盲目地想要翻轉現況，卻不知內心抗拒的是什麼，翻轉之後，人生又要往哪裡去？

每向前跨走一步，其實都是回到內心更深處

真正的臣服，並非投降、放棄，而是讓自己在當下處之泰然，知道每一次的相遇，無論這些事、那些人，都是有意義的。不是他當了你的天使，就是你成為他的貴人，甚至互相傳遞神性的訊息，那是靈魂交付給肉身的密碼，如同登山時綁在樹上的指標，要你認得回家的路。

而我們終將學會臣服命運，放下恐懼與罣礙，每向前跨走一步，其實都是回到內心更深處。

我很慶幸這一路走來始終應允自己，讓靈魂帶領肉身，開始這趟旅程，透過靈魂與肉身充分的協調合作，保持高度的覺察，時時勉勵自己，完成這一世來到人間的使命與意義——靈魂觀照並看護肉身，指導肉身如何執行此生的任務；肉身是靈魂的實踐者，讓靈魂可以超越障礙而更有能量。

這是一趟永無止境的旅程，獻給願意與愛同行的你。即使肉身的生命有結束的時候，不滅的靈魂總是滿懷慈悲地許諾：乘願再來。

編註：此為二〇一三年《向宇宙召喚幸福》的自序，並於二〇二四年重新增訂內容。

01

通靈

現在是慶祝生命的時候了，
請允許光、空氣、和空間進入生活，
讓它們得以跟著你們神聖靈魂的節奏，
再次流動。

潘蜜拉・克里柏
（Pamela Kribbe）

行｜前｜導｜覽

我曾經嚮往「通靈」，也鑽研學習過如何「通靈」，甚至有過多次被視為近似「怪力亂神」的種種體驗。千山萬水走來，我為「通靈」下一個全新的定義：每個人都可以具備「通靈」的能力，依循內在靈魂的指示，帶領自己通往靈性的道路。

這段旅程中，我碰到很多特別的名詞，例如：「小我」、「高我」、「意識」、「潛意識」……從心理學或靈性學不同的角度解釋，這些名詞的意義，有些近似、也有些差別。它們曾經讓我有點困惑，經過詳細的比對與體會，我將它彙整為一個比較容易懂得、也解釋得通的圖表。對於第一次到訪的旅客而言，或許會略有閱讀上小小的障礙，但請停駐片刻，耐心體會，很容易就會豁然明瞭。若真的有理解的困難，建議可以暫時跳過。只要過閱讀完成這七段旅程，並在日常生活中實踐後，自然就能夠融會貫通。

即使是麻瓜，也可以通靈

接受「高我」的指引，逐步走向開悟。

受到《哈利波特》小說與電影的影響，很多民眾把不具備魔法、也沒有神通的人，稱之為「麻瓜」。但我一直認為：即使是麻瓜，也可以通靈。

每個人都有所謂的「靈體」，只要學會如何啟動「開關」，就能夠接通宇宙的源頭，讓自己的意識與行為，不再侷限於大腦邏輯的使喚，而是可以接收到靈性的訊息，聽從更高意識的指導，從此不再受到念頭的擺佈，以「我可能錯了」的提醒，覺察內在的意識，讓肉身與靈魂合一，活出此生的使命。

從小到大，我都不斷在問自己：「我是誰？我的這一生，究竟要追求什麼呢？」一直至熟年，歷經陪伴母親長達將近三十年的病痛、加上父親在二十幾年前驟然離世的體驗，經常感覺孤獨又必須學會堅強的我，更深入地從靈性的角度問自己：「我是誰？我的這一生，究竟要追求什麼呢？」

對每個人來說，「我是誰？」永遠是個大哉問。每個人個別的差異在於，年紀多大開始問？什麼時候特別想問？多久問一次？或是，其實想問卻不敢問？還是，覺得問了也不會有結果，所以乾脆不要問？

印象中，我是從年紀很小的時候開始問，而且不停地問，尤其在生命困頓的階段特別想問，明知道問了也未必有結果，還是要繼續追問。或許，這就是另一種形式的「與神對話」，只不過當時我並不知道與我對話的是誰？

我的童年時期，台灣經濟發展還在起步階段，大多數家庭都很窮困，父母為了掙錢養家，多半沒有時間與能力寵溺子女，但仍無損於他們心中想要給孩子滿滿的愛。

永遠保持提問：我是誰？
這一生，我究竟要追求什麼呢？

學齡之前未解世事的我，無所事事地陪伴做洋裁的母親日以繼夜工作，常呆呆地仰望天空，跟自己對話。

歷經半個世紀之後，慢慢知道：這一路走來，不停給自己回應的，正是心中的另一個「我」。

後來才知道，這樣的經驗，有些人也曾有過，但每個人的過程與反應並不完全一致。我是經過很長時間的自我訓練，慢慢學會以平靜安定的心情發問，之後得到充滿希望的回應。比起其他朋友，童年慘遭家暴或遺棄，長大碰到感情或事業重擊，甚至罹患嚴重憂鬱症，而尋求心靈慰藉或解脫，我的那些挫折就不算什麼。但我因此而更能同理別人的不幸，感謝他們願意與我分享，讓我明白：幸與不幸，都是上天的恩典。

高敏人對靈界感到好奇，接通靈性天線，與自己的主神連線

幾年前，我積極地想要學會「通靈」。透過好友介紹，參加「接天線」的儀式，這是個帶點調皮趣味的說法，若要正經一點的稱呼，應該叫作「接通靈性的天線」。當時那個儀式有正式的名稱：「歸位報到」。據說，可以因此而開通靈力。

替我主持儀式的老師，儀態相貌莊嚴，處事低調。她自稱是天上某個神尊化身下凡，主要的任務是幫助來自天界在地球的靈兒，找到各自的主神。經過她向靈界請示與確認，我的主神在她的管轄範圍內，可以協助我「歸位報到」，和天上的主神取得聯繫。

坦白說，接受這個儀式之前，我考慮了好長一陣子。相對地，老師也有她的思考和篩選。

我從小有點「敏感體質」，不只是食物或生理上的反應，還包括接收內在靈性的訊息，所以對「通靈」這件事情充滿想像，也花了很多時間研究靈性的課題。但一反常態的是，自從預約報名之後，我並沒有因為好奇而特別興奮或急躁，只是隨緣地等待通知。

幸與不幸，都是上天的恩典。

時間一天天過去，還是沒有收到要進行正式「啟靈儀式」的時間確認。幾個星期後，老師辦公室傳來不同的意見，聽說老師與她的助理無意間在書店瀏覽過幾本我之前出版的作品，讀到一些提及自己有敏銳第六感的文章，某些助理們心生疑慮，甚至提出「既然他都可以通靈了，還來這裡幹嘛？」這樣的問題。

即使我一點都不介意，居中介紹的朋友還是感到兩難，怕我誤解、也擔心影響老師的觀感。

「通靈」不等於「靈通」；「靈通」也不是「神通」

在我的概念裡，「通靈」和「靈通」是完全不同的。「通靈」是具備通往靈性道路的覺察，並與「超意識」連結；「靈通」則是有靈媒那種未卜先知的「超能力」。這兩種境界有部分重疊；但不完全相同。我很嚮往「通靈」；卻不以「靈通」為主要目的。雖然我偶爾有點「靈通」，第六感超靈驗；但是絕對還不到可以當乩童、或變成巫師的地步。

過去我所聽說或認識的靈媒朋友，頂多是擁有某種程度的「靈通」，可以連結到靈界，下載部分的資訊供參考，而不是具備所謂的「神通」。

我很早就知道：「通靈」不等於「靈通」；「靈通」也不是「神通」。如果有靈媒宣稱自己無所不知、無所不能，除了未卜先知，還可以拿錢辦事，替人消災解厄、或命中未來，那麼，他是騙子的可能性很高。

回想起來，我並不確定那位老師屬於哪一類型。但他願意幫我找到「歸位報到」的主神名號，並且透過一個神聖的儀式取得連線，確實讓我心中有了被主神護佑的溫暖感受。

事隔多年以後，我知道現今坊間越來越多自稱可以幫民眾與主神連線的「老師」，擁有專屬於他的組織內「信徒」。雖然學員身處其中，感覺正向且善意，但未能分辨是否欺世盜名或過度迷信，所以我還是要善意提醒：小心被人為操控，務必讓自己隨時保持客觀與理性，以免誤入邪教。

只要你真心地相信，並誠懇對話，
就能通往靈性的道路。

我並不刻意鼓勵朋友去進行任何通靈的儀式，因為不是每個人都適合這樣做，也未必對每個人都有效。所謂的主神，其實是你內在的另一個地位崇高的「我」，即使沒有透過「歸位報到」的儀式或手續，也可能「無師自通」。就算你不知道祂的名號也無妨，只要你真心地相信，並且誠懇地對話，祂就可以帶領你通往靈性的道路。

所謂的「通靈」，可以簡單定義為：「通往靈性的道路」

究竟是誰在回答內心的問題？是哪個「我」在引導自己走向靈性的道路？關於「我」，無論從心理學、靈學、宗教、新時代等研究觀點，都有不同的說法與定義。常聽見的「我」，有很多不同稱謂，例如：「小我」、「高我」、「意識的我」、「潛意識的我」、「神性的我」、「本源的我」、「我的指導靈」等各學各派都有不同的主張，其實定義這些名詞的內容，都有他們遵循的邏輯。

有些不同的稱呼，卻有近似的意思，例如：「高我」和「本源的我」；「小我」和「較低層次意識的我」；有些則是相對的意思，例如：「超意識的我」和「意識的我」。

讀過超過百本靈性學習的書籍，也在YouTube頻道《吳若權幸福書房》製播推廣閱讀的節目分享相關內容，我發現：隨著每位作者研究的領域不同、或討論架構不同，他們給予這些名詞的定義，就不盡相同，但其實都有「大同小異」的重疊之處。

為了幫助尚未讀過這些書籍的讀者，可以順利進入狀況，我盡量用最簡單的分類、又不失其本意的方式，歸納整理這些名詞與定義。之前出版的《其實，你不是你以為的自己》（悅知文化）書中，曾經粗淺地解答「小我」和「高我」的意義與差別，在這裡可以再多做一點說明：

「小我」是指尚未完全開悟前，主導身體與行為的意識，它往往受限於過去的經驗，或被尚未清理而混沌不明的「潛意識」影響，可能會阻擋接收

靈感，是永遠清晰正確的神諭；
直覺，只是一個「衛星導航」。

神性訊息的天線；「高我」則是引導自己走向開悟之路的神識，雖然有人透過宗教信仰尊稱祂為「上帝」、「聖母」、「佛」、「阿拉」等，其實都悉聽尊便，因為祂不受世間宗教派別的限制，是超越這些名號的宇宙能量之源，只要你願意靜心傾聽，臣服接納，就可以透過祂而得到來自宇宙的訊息。

在日常生活中，尚未開悟的人，如你、如我，常會在「高我」和「小我」之間掙扎。最常遇到的矛盾現象是：「高我」基於愛，會要你為了找回生命的價值與意義，對現況做出改

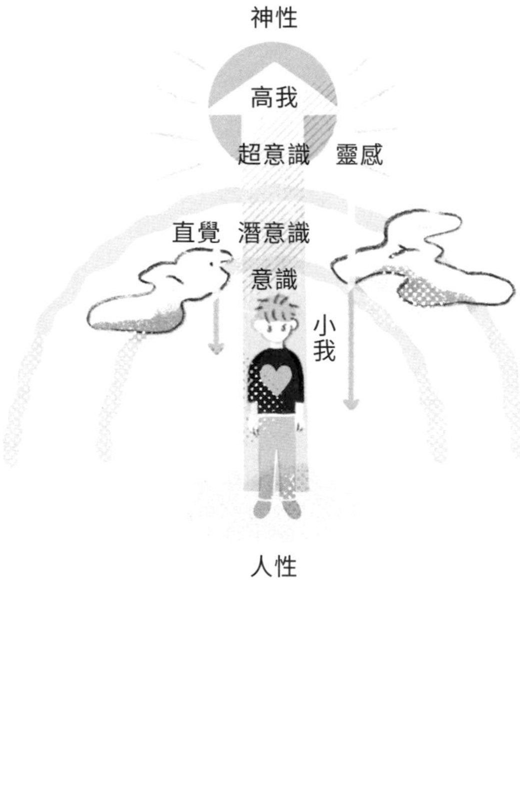

變；「小我」可能會因為恐懼，而堅持「江山易改，本性難移」。

面對人性善惡掙扎的時候，唯有保持自我覺察，讓「高我」作主，才能離開「小我」設定的舒適圈，通往靈性的道路。

當「小我」退位，由「高我」統領，就會直接獲得靈性的訊息，稱之為「靈感」；如果連線的程度只到「潛意識」，而沒有通達「超意識」，這個層次的訊號，我把它叫做「直覺」。有時候，會因為「潛意識」尚未得到清理，「直覺」就很容易變成「錯覺」。

「靈感」是永遠清晰正確的神諭；「直覺」只是一個「衛星導航」，至於它通報的路徑是否準確？就要看訊號是否清楚、以及資料研判對不對。

概括來說，所謂的「通靈」，可以簡單定義為：「通往靈性的道路」；也就是接受「高我」的指引，逐步走向開悟。而整個過程，是在進行身心靈合一的工程。它可以是一種復原，回歸空無；也可以說是一種創造，重新得到所有，取回本來就屬於自己的幸福。

台灣社會有段時間曾流行說「自我感覺良好」，大多用來嘲諷別人自以

通靈，是一種復原，回歸空無；
也是一種創造，得到所有。

面對人性善惡掙扎的時候，唯有保持自我覺察，
讓「高我」作主，才能離開「小我」設定的舒適圈，
通往靈性的道路。

為是、或不求進步。我倒是覺得，人的一生並非只是對外追求名利成就，而是透過一切努力回到內在，獲得真正的「自我感覺良好」！

這時候的「自我」，是指當「小我」可以臣服於「高我」；所謂的「良好」，不是擁有多少財富、地位、名聲，而是時時透過高度的覺察，讓自己處於「感覺良好」的平靜喜悅之中。

這並不是自私自利的那種好，而是盡情發出自己靈性的光芒，和別人的光芒，彼此能量共振，就可以一起榮耀這個世界。

接收來自高我的引導

通靈就是：清除雜訊，讓來自宇宙的訊息可以暢通無阻。

講到與「通靈」相關的話題，常會伴隨一些「怪力亂神」的討論，甚至以為「通靈」就可以對任何人的過去與未來無所不知，只要有了法力就可以心想事成。最通俗的玩笑話，就是以為（或質疑）對方，是否具備「預測彩券中獎號碼」的能力。

如果用這種說法來評斷，這世界就沒有人真正「通靈」。因為到目前為止，還沒聽說哪個通靈老師，準確預測出彩券中獎號碼，而且百分之百神準。即使從疫情期間到現在，號稱印度神童的阿南德（Abhigya Anand）發出多次預言，引起舉世關注，也未必能夠真正料事如神地百發百中。

據此邏輯類推，那些聲稱自己具有「靈媒體質」的老師，能夠幫助世人只要花錢不必努力就可以消災解厄，豈不就都是騙子？這個問題，確實是許多開始學習靈性課題的朋友，需要先「自我釐清」的重點。

是的。我的建議是「自我釐清」，而不是「求證對方」。

儘管其中有少部分號稱自己有「靈通」的老師，確實是使用江湖詐術的騙子；但是，話說回來，人們之所以會被騙，就是因為自己內心有恐懼或是貪念。尤其當我們不往內求，只向外追逐，就很容易對「通靈」有過度誇張的期待，因而落入有心人士的陷阱。

我學習靈性功課，多半靠自修。有段時間，很渴望能追隨值得信任的老師學習，但因緣尚未俱足，於是作罷。我深深知道，能夠令人信服的老師，並非要有多高的法力；但一定要有足夠的慈悲與智慧。

慈悲，是一個人修行程度高低，最重要的指標。若空有智慧，而不夠慈悲，智慧很容易淪為自私的權柄，無法真正利益眾生。

在後來的人生際遇中，我很幸運能夠有機會拜見法鼓山的聖嚴法師，多次向他請益。即使，他已經過世多年，我還是非常懷念那段時光。

當年那段對談的內容多次彙整出版，並隨著時間推移與世代交替，曾經以不同風貌呈現，最新的版本是採用金句為主、改編成便於閱讀的《煩惱也沒關係；牽掛，表示你在意——聖嚴法師開導，吳若權筆記》（悅知文化）。透過此書分享聖嚴師父對於佛法在生活的應用，讀者彷彿親臨現場般獲得慈悲與智慧的洗禮。

把靈性的學習，當作是一種呼吸、一種生活

對現階段的我來說，學習靈性的功課，已經沒有特定的目的，也不一定要跟隨哪位老師。我把靈性的學習，當作是一種呼吸、一種生活。雖然我從來

不曾主動想過要「通靈」，但內在神性的能量已不只一次地搖撼過我，提醒我要時時刻刻保持靈性的覺察，以內在的光，來照耀有限的人生。這一路走來有很多微妙的奇蹟，也有很多深刻的體會和感動。

從小到大，我是一個很典型的「高敏人」；並且曾經有過多次預測很準的紀錄，也碰到過許多類似神蹟的事情。

例如：在毫無事先約定的情況下，準確地說出按電鈴拜訪的不速之客是誰；某位親友即將離世的時候，我在家裡突然跟母親說，那位親友快要往生了，幾分鐘之後，接到電話通知，我感應到的預言，果然是真的。

有個放假的節日，我起床刷牙時，忽然想到兩位很久沒有聯絡的朋友，結果他們居然分別在上午的九點及十一點，送禮到我家來。

還有一次是，下午出門去電台主持現場進行的廣播節目，在路途中內心突然浮現一則訊息，叫我趕快回工作室一趟。可是電台現場節目即將開始，我沒有足夠的時間回工作室，只好先叫自己安定下來，不要著急。

等到電台節目結束，竟然收到通知，有竊賊闖入大樓，本來想要撬開我

學習靈性課前：請先「自我釐清」，
而不是「求證對方」。

工作室的大門，但最後沒有得逞。

對面芳鄰正好不在，整個住家被搜括得猶如戰場；我的工作室門鎖被撬壞，所幸電腦等物品都還完好無缺。

二〇二〇年，台灣開始出現新冠肺炎新聞的前幾天，正好是家家戶戶準備過農曆新年。當時的社會氛圍還處於暴風雨來臨前的寧靜，一般民眾並沒有意識到疫情會如火如荼地開展蔓延。我竟不明所以地獨自走進西藥房，買一些口罩和酒精備用。連自己都覺得奇怪，結帳時內心還有點疑惑：「買這些東西要做什麼？」

兩天之後，市面上的口罩和酒精已經被搶購一空。

此外，還有過兩次很深刻的經驗，是我在準備入睡前，突然身體前後擺動、劇烈顫抖，經過兩小時才平靜下來。隔天，我跟好友說起這件事，她還有點擔心，以為是有惡靈入侵，幸好經過靈性老師的診斷，推測是自己內在的靈動。

陸續發生以上類似的事件，更進一步開啟我想要直接與靈魂對話的念頭。

保持內在的清澈澄淨、透明無瑕，可以直接獲得神性的訊息

這種和不同時空靈敏共振的經驗或能力，其實是每個人與生俱來的。任何一個人心中都有一個接近神性、較高意識的「我」，也就是所謂的「高我」，只要你可以保持內在的清澈澄淨、透明無瑕，都可以直接獲得神性的訊息。

這樣的能力在一個人剛出生時還很敏銳，兩、三歲之後會因為頭腦的發育和理智的學習，逐步累積主觀經驗的判斷，而讓接收靈性訊息的敏感度漸漸消失。加上為了應付外在危機所升高的自我防衛，導致「高我」退到離自己比較遠的地方，「小我」開始主導肉身，於是陷入恐懼不安的糾結之中。

用個簡單的比喻，當你搭乘飛機到高空，將會看到寬闊蔚藍、十分晴朗的天空，「高我」就是這樣的境界；可是，如果你沒有讓自己的心境，拉升到這樣的高度，就會受限於雲層的阻擋，甚至耗在陰霾和風雨中，時時刻刻

慈悲，是一個人修行程度高低，
最重要的指標。

手忙腳亂，提防著要遮風避雨，失去原本可以處之泰然的信心。

通靈，對我而言，就是清除和「高我」進行溝通過程中的阻礙和雜訊，可以暢通無阻地得到來自宇宙的訊息，成為真正的「靈感」；而不是去預測或論斷別的人或事，在未來會有怎樣的發展。

身處人間，竟可以「料事如神」，這未必是靈性學習的首要目標，但也並非不可能。因為你不只是擁有靈魂而已，你本身就是靈魂，你就是內在地位崇高的神。「祢」可以給你正確的指示，帶領你站在靈性的高崗上，鳥瞰這一生所有的經歷，當來龍去脈盡收眼底時，也就不難看出過去與未來的因果關係。

你需要做的是：以高度自我覺察，回應靈性的訊息，勇敢地去付諸行動，就可以改變宿命的安排，帶自己開啟靈性療癒的旅程，也就是走上靈魂回家的路。

你本身就是靈魂，
你就是內在地位崇高的神。
站在靈性的高崗上，
可以鳥瞰這一生所有的經歷。

以靈魂的愛，善待自己

維持敏感度和洞察力，由「高我」帶領意識與行為。

人生，無常。生命形體上的際遇，隨著複雜的因果關係，瞬息萬變。無論預測多麼準確、或不準確，都沒有真正的意義。除了在朋友茶餘飯後閒說嘴：「你的第六感很準唷！」之外，用途不大。

儘管，有些特異功能的人士，對於某些人、某些事、某些時間或地點範圍，確實有預測的本領，但還是會有所限制，並不是可以百分之百、也不是永遠的準確。

與其費盡心思預測未來人生會怎樣發展，不如積極開拓自己對靈魂召喚的感應，透過「高我」連結宇宙更高更大的磁場。終會發現：人與人之間內在高處的靈魂，是彼此相連的。唯有愛與感恩，能化解我們對未知的恐懼。

雖然這幾年來，隨著心理學的發展，許多諮商心理師都高度倡議「人我界線」，但是在靈性學的領域，並非如此「涇渭分明」。「小我」的保持距離，只是為了彼此尊重；「高我」的能量共振，並無任何藩籬。

學習靈性成長，清除雜訊，以解除心中的疑問，固然可以無師自通，也可以拜師學藝，包括：呼吸、靜坐、冥想、轉念……。無論付費參加團體課程、或個別指導學習，只要付出的成本是你能力所及，對方也沒有蓄意誇耀他無所不通的超凡能力，這本來就是各取所需。

但如果有人對你宣稱他具備「無所不能的靈通」，而且可以百分百準確預測未來，只要奉獻錢財或美色，他就可替你呼風喚雨、消災解厄，這個人百分之九十九是騙子。

萬一真的預測靈驗，應歸功於你的信念足夠堅定，而不是他無所不能。

可以感受別人身上的負面能量，但不要抓住它，要放掉它，才不會被絆住

所謂的「靈性覺醒」，是指具備高度的敏感度和洞察力，並在清理潛意識的阻礙後，讓「高我」可以通暢地傳遞宇宙的訊息，帶領意識與行為，引導身體的魂魄去思考及決策，而不被「小我」牽著鼻子走。

例如：偶然在路上看見一個中年人，對著心智障礙的老母大發脾氣，你不會直接上前譴責他的不孝；而是會試著用「同理心」去了解並體貼他的處境，猶如從宇宙下載在愛與寬恕的程式，感同身受於他照顧母親的辛勞，悲憫老婦的病苦，給予必要的關懷與協助。

在公司碰到一個經常主動挑釁、惡意競爭的同事，你不必和他一般見識，處處設防；而是看到他內心的不安，並告訴自己：只要有愛，願意付出及分享，宇宙的資源是取之不盡、用之不竭的。從此你就不會被他的刁難所苦。

真正可以「通靈」的人，會精準地掌控自己的敏感度和洞察力，藉此和宇

宙共振；但不會因為過度敏感，而被別人的反應主宰自己的情緒；也不會因為別人的某些作為，左右自己原本可以付出愛與寬恕的能力。

如果把自己的纖細的敏感度和洞察力，變成一個尖銳的鉤子，很容易刺傷自己，連帶著把別人的憂傷和痛苦，攬進自己的心底。

你可以感受別人身上的負面能量，或是他所帶給你的負面能量，但請不要用力抓住它，而是要放掉它，否則它就會成為你的一部分。試著練習不要用二元化的方式，把它解讀為負面能量，那只是對方一時的感受或宣洩而已。只要你不要太過於在意，就不會受到影響。

唯有愛與感恩，
可以化解我們對未知的恐懼。

保持高度靈性的覺察，不受別人影響，才是真正愛自己

這世界真正為難你的，並不是事件的本身，而是自己對事件的解讀方式。

某些具備「高敏感體質」的朋友，人生過得很不開心，甚至長期被重度憂鬱症所困，有可能是因為吸收過多自身無法消化的負面能量，變成一個「自我感覺不好」的人。

這時候，很容易讓「小我」當家作主，引導身體的意識，去做出親痛仇快的決定。

例如：發現一個豬頭迎面而來，根本還沒有打招呼，就認定對方不懷好意，既然無法避不見面，冷不防地先武裝自己，擺個臭臉，故意給對方難看，結果反而讓彼此結怨更深。

還有另一種典型的例子是：多愁善感的人很容易物以類聚，互相傾訴別人帶給他的委屈；甚至淪為集體的「自我批判」或「自我貶抑」，以受害者的

思維，誇大未盡如意的遭遇，跟著自暴自棄。

然後，同仇敵愾地做出結論：「世界上，沒有一個好東西。」無異於是把對方的問題，變成自己的苦惱，既承擔不起、又放不下，當然會身心俱疲。

真正的善待自己，並非吃好的、穿好的，享受人生；而是透過不斷的練習，善用自己的敏感度和洞察力，讓內在的能量穩定，心情平靜。保持高度靈性的覺察，不受別人影響而削弱本身的狀態，才是真正愛自己！

真正為難你的，並非事件本身，
而是自己對事件的解讀方式。

靈力不需靠外界證明

可以享受洞察內在帶來的喜悅與平靜，但不用把它當作「變出魔法」去炫耀。

在多數時候，我的靈感確實很準確；但我漸漸學會順其自然地略過它，不會刻意對外炫耀。並非主觀上的捨棄，而是客觀上的放手，也就是不再引以為傲，也不再沾沾自喜。能夠「通靈」，連結「高我」，其實是每個人可以透過練習而重拾的天賦，也可以說本來就不應該失去的功能，即使曾經受損，也能透過療癒而修復。

民間信仰常把「通靈」，連結到神明或某種特殊的法力；但你未必要透過宗教或信仰來和宇宙的能量連結。你可以把前世今生所有複雜的因果關係，想像成巨大無比的電腦資料庫，只要你接上品質良好的USB傳輸線，並隨時保持網路暢通，就能不受限制地下載或上傳訊息。有時候，你會像是突然靈光一閃那般，獲得特別的想法或創意，此刻就表示你已經順利連上線。

如果你可以理解，就會謙卑地相信：即使可以連接靈魂的天線，都不該拿來志得意滿地炫耀。更何況，在個人尚未開悟之前，與宇宙相連的頻道及速率，都還不是百分之百完全打開的。我們只能更真誠、更專注地傾聽與接收訊息。

即使有一天你自認為已經完全通透，不必拿此能力來炫耀，製造出高人一等的成就感。在地球上，可以和「高我」連線，直接取得「靈感」，並執行天賦，也就是所謂「光的使者」，絕不是只有你一人而已；如果彼此真心相認，將發現靈性的力量沒有高低之分——人類形體的區隔，只是肉身的虛幻表象，高我的靈光本源都是一體的。

你不必證明給別人看，要別人相信你可以「通靈」。即使完全沒有惡意，只是懷抱著好東西要跟好朋友分享，也不必特別將「通靈」的能力出示於人，除非你確定這樣做可以幫助對方。如果只是出於想要證明自己比較優秀，或是騙吃騙喝，很容易弄巧成拙。

享受洞察內在帶來的喜悅與平靜，但不必刻意炫耀自己

近幾年來，有些號稱「天大的預言」，尤其是有關災難的預測，最後卻破功。從這些案例，就可以知道「高我」並不希望用這樣的方式來證明它的存在。

《這才是吸引力法則》（商周出版）書中提到：「當你想要證明某件事情的時候，問題總在於你常常因此而被推向你不想要的東西。在你想辦法證明時，你發出了想要證明的振動頻率，反而更難達到你想要的結果。而如果別人也抱持強烈懷疑的態度，可能會影響你，也讓你開始懷疑。」

另一段說明：「不需要用言語去向別人證明任何事情。讓你的生命和你的生活變成鮮明的例證來鼓舞他人。」

雖然以上兩段文字係針對是否出示「吸引力法則」，以便向別人證明法則的效力，所做出的說明；但我感同身受之餘，認為它也可應用在追求靈性成長的過程。

我可以享受洞察內在帶來的喜悅與平靜，但不必把它當作「變出魔法」那樣炫耀自己。我就是我，我不是魔術師。如果我為自己創造生命的奇蹟，能夠感動到你，你也可以創造屬於你自己的生命奇蹟。我樂見其成，但不會過度推銷。

靈性的力量沒有高低之分，
高我的靈光本源都是一體的。

靈修並非時尚，卻已成風潮

如果修行在個人；是否還需要師父領進門？

關於「通靈」的定義和解釋，可能有很多種。我的解釋會是：保持敏感度和洞察力，讓肉身意識的人性，臣服於較高層次的神性指導。

和「通靈」最密切相關的另一個概念是「開悟」。有些積極參加靈修的朋友，往靈性出發的目的地，就是想要得到「開悟」。

有趣的是，跟「通靈」一樣，「開悟」的講法也很多，我還滿欣賞這種百花齊放的繽紛美麗。隨著這股「光」的風潮，以「開悟」為主題的書籍、

課程，如雨後春筍般出現，

我閱讀過超過百本有關靈性與開悟的書、也接觸許多老師、參加一些靈修的課程。此外，透過在電台主持的廣播節目，訪問這方面備受推崇的靈性作品暢銷作家和心靈導師，從他們身上學到很多，也十分尊敬他們願意將所見所聞、所學所感，慷慨地分享出來。

身心煎熬的朋友，為安頓身心而熱中靈修，若過度追求開悟，容易靈性上癮

我身邊還有許多朋友熱中靈修，花很多時間和金錢，用於上課、禪修、讀經、打坐、冥想、瑜伽、開通脈輪……其中有幾位朋友，人生遭遇的曲折和痛苦，都異於常人。

這些承受身心煎熬的朋友，為安頓身心而熱中靈修，包括：幫自己的靈魂找出路、是靈魂自己要找回家的路，也有人直截了當地說，他想要「開

「頓悟」可遇不可求；
循序漸進的「漸悟」也可以抵達。

悟」。甚至，因此還有「靈性上癮」的現象，積極接觸靈修，欲罷不能。

於是標榜可以「開悟」的靈修課程，隨著新時代潮流應運而生。跟經濟學原理一樣，有需求就有供給，有其一定的市場。

至於上完課是否真的「開悟」，也應證了那句話：「師父領進門；修行在個人。」如果「修行在個人」，是否還需要「師父領進門」？我曾經為此感到疑惑。

少部分經濟狀況優渥的朋友，的確像是上癮了似的，辭掉工作、揮別家人，一年裡有半年以上在報名參加靈修課程。

我請教這些朋友：「你追求的開悟，是什麼樣的境界？」

他們的答案無非就是：充滿狂喜、無憂無慮、捨得放下……若再稍微細究，以世間常見的宗教來說，佛教徒追求「當下離苦」，基督教徒盼望「平安喜樂」。

對於讀過奧修的著作、或上過奧修相關課程的朋友而言，他們最常出現的答案，可能是「靜心」。

對於「了悟真相」做出漸進式的學習與理解，而且永無休止

有部分朋友，參加靈修課程回來，卻更沮喪。因為，他們花了很多時間和金錢，卻覺得自己沒有「開悟」。

我對「開悟」並無特別想法，只覺得它是一個類似英語時態的「進行式」，對「了悟真相」做出漸進式的學習與理解，而且永無休止。如果可能的話，在每天的所作所為、或不做不為當中，讓「高我」當家作主的時間和次數，遠多於「小我」，這就夠了。

如果「頓悟」是可遇不可求，循序漸進式的「漸悟」，也是一個可以抵達的方式。每個人在沒有徹底離開肉身之前，就不可能完全擺脫「小我」影響，因此更要時刻保持高度的敏感與覺察，在「小我」出現的當下，立刻提醒自己——啊，那個可愛的調皮搗蛋鬼又來了。而我能盡力做的，就是盡量避免「小我」出來闖禍，直到肉身滅絕。

「開悟」：是指「了悟真相」；
以大智慧擺脫煩惱與我執的束縛。

開悟是過程，不是目的

不必依靠許多上師，你可以靠自己了解一切。

在我尚未深入學習靈性之前，面對人生很多疑問或不確定的關卡，都會想透過命理的方式去了解自己。三十幾歲剛創業那段時間，遇到生涯發展的諸多變數，很熱中於算命，遇見許多業界的高人。

例如：一位身體嚴重畸形的老師，反而容易令人產生「他不同於凡人，必定有靈通能力」的聯想。另一位聲稱自己頭蓋骨尚未全硬的老師，光是對坐相望幾秒，就能說出我所擔心的事情。還有一位供奉幾十座神尊雕像的老師，詳細排出每年每月的流年運勢，還要我在幾月幾日避免搭幾號的班機，才能確保平安。他們的鐵口直斷，曾經令我震撼。但是過了很多年以後，我才發現算命有一個很共同的特質，講過去的事情比較準確，對於未來的預言就很難完全命中。

累積很多經歷，對事業稍具信心後，我幾乎沒有再去算過命。後來基於興趣，報名「紫微斗數」課程、學塔羅牌、參加短期禪修、也上靈修課程，同時透過閱讀自修，想要對靈性有更多探索。

華語流行樂壇創作大師李宗盛寫的〈因為單身的緣故〉，有一段歌詞是：「迎風起舞，讓月光愛撫，我為王在自己的國度，我在專心支解虛無，我把僅存慾望去骨，我像巫師得專心練法術。」讓我聯想到一心想要通靈的自己，不覺莞爾。難道，我真的想拜師練法術？

我沒有嘲笑自己的癡傻，而是漸漸釐清想學「通靈」的真正目的，並非想要具備什麼特異功能，只是想要更進一步向內看清楚自己，但願時時刻刻以覺醒的心，活在當下。

佛學講「空無」，在開悟的時刻，「空無」就是一種「圓滿」

很多人積極投入宗教或靈修，起初是想要戒斷煩惱，進而追求開悟。但很顯然地，「想要沒有欲望」這個念頭本身就是個欲望，「想要沒有煩惱」這個意念反而更容易增添煩惱，就更遑論是靈性開悟了。

傑德．麥肯納（Jed McKenna）是心靈界一位非典型的專家，他喜歡打電動、騎越野車、跳傘，看似並不符合一般對所謂「靈性老師」的形象。他對「靈性開悟」這個字詞，有不同的見解。他認為：「了悟真相」比「靈性開悟」更為貼切。

他主張：開悟要靠自己去體驗「無我」的真義，並且認為：一個人若想要依賴上師開悟，有如緣木求魚。他不鼓勵大家要拜求上師解惑，而是應該用自己的方法開悟，稱之為「靈性自體解析」。

他的見解，之所以深得我心，是因為中年之後的我，多半靠自修學習，一次又一次向內在更深處探索。

在多次被問到有關「到底什麼是開悟」的問題時，他都以對比的方式回答「什麼不是開悟」，企圖引導學員去思辨「如果這個不是，那什麼才是呢？」

什麼是開悟？或許，「無我」是最後的解答。但是，當「高我」終極現身，「小我」自動撤退，那時的「我」，已經不是我。

乍聽這個論述，或許會覺得有點深奧難懂；但可以簡單擷取其精華要義，就是勉勵修行者永遠要放下「有我」和「無我」這種二元對立的論斷。

而我在這學習過程的體會是：以佛學講究的「空無」看來，在開悟的時刻就是一種「圓滿」。然而，最弔詭的是：如果你一心就是想要得到這種「圓滿」，就永遠到不了「空無」的境界。

與其把「開悟」設定為目標，不如讓它是一個提醒自己持續保持覺察的過程。

向內看清楚自己，
時時刻刻以覺醒的心，活在當下。

持續清理，才能接收豐盈

清除不必要的雜訊，就可以接收到宇宙的訊息。

從「通靈」到「開悟」，過程就是持續「接通靈魂天線」。猶如傳統收音機的原理，當你轉到正確的頻道，清除不必要的雜訊，就可以接收到宇宙的訊息。

雜訊的來源，有很多可能。環境的干擾、別人的阻擋、傳輸的頻寬……都可能會有影響；但是，最大的障礙還是在於自己的內心。如果你不相信、不接收，就算環境沒干擾、別人不阻擋、傳輸頻寬足夠，也是接收不到任何訊號。對於有意、甚至積極想要接收訊號的人，也就是所謂的「求道者」，為了找到對的頻道、清除不必要的雜訊，做過非常多的努力，像是打坐、冥想等。

此外，還有很多靈性老師教導「開脈輪」的方法。這個概念是說：身體，即宇宙！打開身體的環節，接通宇宙的能量。

有關於「開脈輪」的方式，靈性學界對於七個脈輪的講解，並沒有完全統一的說法，以下是比較普遍的認知：

1.海底輪：紅色，位置在脊椎骨尾端，代表生存的本能。

2.臍輪：澄色，又稱為性輪。位置在恥骨上方到肚臍之間，掌管生殖、性慾、人際關係。

3.太陽神經叢輪：黃色，又稱黃金輪。位置在肚臍上方與胸骨下方的橫隔膜上，是個人意志力、勇氣、追求夢想的樞紐。

4.心輪：綠色，心臟的周圍，是感情力量的來源，提供無條件的愛、寬恕、療癒的能力。

5.喉輪：藍色，位置在喉嚨前後，是情緒表達與溝通的力量所在。

6.眉心輪：靛色，又稱第三眼，前額的中央，與直覺、洞察力有關，既可仰望神性、也可向內看見自己。

7.頂輪：紫色，位置在頭頂中心。打開後可以超越自我，連結更高意識的神性，得到與宇宙的大智慧。

有些專家對脈輪的標示與描述略有些微不同，但其實大同小異。例如：海底輪、生殖輪、臍輪、心輪、喉輪、眉心輪、頂輪。從網路上可以搜尋到很多資料與影片，只要按部就班去做，應該可以有所體會。

持續清理潛意識，才能連結超意識，從宇宙下載「高我」的訊息

在此分享一件個人的經驗。這些年來的學習，讓我打開一個之前沒有留意到的感官，就是透過內在的聽覺接收資訊；它並非透過「音波」傳遞到「耳

朵」，而是透過「意念」傳遞到「內心」。

之前，我曾體驗過這個運作方式。但是，當時並沒有特別留意。父親是個重聽的患者，日常生活中即使是用大聲吼叫的方式，還是無法溝通清楚，必須要靠筆談，才能彼此達意。在他生命臨終前，臥病在床四個多月，後期已經意識不清，進入彌留的狀態。我們竟可以透過握手感應的方式，傳遞彼此想說的話。

辦完父親的後事，長達十年的時間，我的人生陷入很大的低潮。開始學習療癒悲傷的過程中，我內在的聽覺，重新被打開。

曾經讀過一則日本短篇小說，故事中父親曾對女兒說，聽一個人的聲音，就可以判斷他的性格。這個情節，令我印象非常深刻。

如同現在的我，聽聲辨人的能力大增。每次在電台做現場節目，接受聽眾Call-in，我可以很快辨識對方的聲音，包括：他過去這一年來，是否曾經打電話進來，並可以預知在這通電話中，他會提出的問題，與處理的方向。

分享這個觀點，並非炫耀特異功能，而是與讀者互相勉勵：要找到屬於

雜訊的來源，有很多可能，
最大的障礙還是在於自己。

自己靈性的開關。若是能夠打開某個特別敏銳的感官，或許可以傳輸更多、更快、更正確的資訊。

此外，我持續應用在《零極限：創造健康、平靜與財富的夏威夷療法》（方智出版）書中學習到的清理方式，在心中默唸「對不起」「謝謝你」「請原諒我」「我愛你」等四句話，來潔淨並整頓自己被世俗經驗弄混的內在、以及前世累積在「潛意識」的種種習氣。

這裡所提倡清理「潛意識」的道理，其實就像電腦的硬碟，經過一段時間的使用之後，要定期進行清理，只要啟動程式就可以將資料重新排列組合，以便騰出更大空間以利儲存及運算。我們必須持續清理「潛意識」，才能連結「超意識」，從宇宙的超級大電腦，下載來自「高我」的訊息，以便順利執行符合此生來到地球的天賦使命。

近年來，「零極限」系統新增第五句真言：「我原諒自己」，這個「我」是指具有「神性」的「高我」，不是「小我」。

「我原諒自己」這句話以更白話文翻譯的意思就是：「神性」原諒「小

我」。「神性」要我們放下所有愧疚、悲傷、責怪、後悔，或任何以懲罰自己為目的的沉重情緒、以及所有由「小我」創造的自我批判，藉此瓦解限制性信念，讓自己重獲自由，回到最自然，也就是最圓滿豐盛的狀態。

更多關於高階的潛意識清理，
請上「吳若權幸福書房」

「零極限」清理潛意識的口訣：
對不起、謝謝你、請原諒我、我愛你。

✦「通靈」是具備通往靈性道路的「超意識」；「靈通」是有靈媒未卜先知的「超能力」。

✦「小我」是指尚未完全開悟前，主導身體與行為的意識，它往往受限於過去的經驗，或因為尚未清理而混沌不明的「潛意識」，可能會阻擋接收神性訊息的天線；「高我」則是引導自己走向開悟之路的神識，祂不受世間宗教派別的限制，只要你願意靜心傾聽，臣服接納，就可以得到來自宇宙的訊息。

✦面對人性善惡掙扎的時候，唯有讓「高我」作主，才有可能離開「小我」設定的舒適圈，通往靈性的道路。

✦當「小我」退位，由「高我」統領，就會直接獲得靈性的訊息，稱之為「靈感」；如果連線的程度只能到達「潛意識」，而不是「超意識」，這層次的訊號，只能叫做「直覺」。

✦人們之所以會被騙，就是因為自己內心有貪念。尤其當我們不往內求，只向外追逐，就很容易對「通靈」有過度誇張的期待，因而落入有心人士的陷阱。

✦每個人的心中都有一個接近神性、較高意識的「我」，也就是我通稱的所謂「高我」，只要你可以保持內在的清澈澄淨、透明無瑕，都可以直接獲得神性的訊息。

✦與其費盡心思去預測未來的人生發展，不如積極開拓自己對靈魂召喚的感應，透過「高我」連結宇宙更高更大的磁場。

✦真正可以「通靈」的人，會把敏感度和洞察力，放在自己身上，並與宇宙共振；不會過度敏感到被別人的情緒主宰，而左右自己原本可以付出愛與寬恕的能力。

✦真正的善待自己，並非吃好的、穿好的，享受人生。而是透過不斷的練習，善用自己的敏感度和洞察力，讓內在的能量不會削弱。

✦佛學講的「空無」，在開悟的時刻就是一種「圓滿」。然而，最弔詭的是：如果你一心就是想要得到這種「圓滿」，就永遠到不了「空無」的境界。

✦必須持續清理「潛意識」，才能連結「超意識」，從宇宙的超級大電腦，下載來自「高我」的訊息，以便順利執行符合此生來到地球的天賦使命。

02 前世

每一個靈魂都來到這裡成為愛，
他們原本就是愛。
勇敢的靈魂，是唯一，也是所有。

羅伯特．舒華茲
（Robert Schwartz）

行｜前｜導｜覽

許多研習靈性課程的學員，曾經接受心靈導師的協助，透過催眠了解自己的「前世」，是什麼樣的人？有過什麼遭遇？以及對此生發生哪些影響？但更重要的學習是：如何理解「前世」的意義，進而放下對「前世」的執著。

這段旅程中，我學習到一個很重要的觀念：人生碰到的每個場景，都是過去記憶的重播。所謂「過去的記憶」，包括從前世殘存到今生的印象，它很可能成為潛意識的一部分，不知不覺地影響我們對目前及未來的覺察與判斷，所以必須學習清理潛意識，與前世的恩怨和解，和過去的記憶告別。無論前世的你，是怎樣的背景、做過怎樣的事情，都已經成為過去，唯一要學習的是：還有哪些未完的課業，必須勇於在今生的當下完成。

每次偶遇都似曾相識

前世、今生，可以是雙胞胎，也可能是難兄難弟；或許兩者根本就是陌路。

有些朋友著迷於「前世今生」，遇到生命困惑時，會依賴催眠以跨越時空，探詢因果關係。很多上課的學員好奇：我對這個現象的看法。

我相信有「前世」；但我並不特別執著於「前世」。

因為有「前世」，我們對某些第一次接觸的人事物或某些場景，才會感覺如此熟悉。而且一旦相信有「前世」，對於親子、情人、朋友之間相遇的緣起、以及離開的緣滅，會感到安心或釋懷。

初次到巴黎，流連於羅浮宮旁兼賣旅行紀念品的小書店，一張似曾相識的明信片映入眼簾，晚間下過雨的城市街道，薄霧彌漫地鐵站的入口，墨黑的樹蔭被綠色的微光穿透。結帳的時候，明信片好像在發出召喚，讓我無法略過它，於是請店員等我一會兒，回到陳列架上將它取下，一起付費購入。

旅居巴黎那段日子，碰到很多人、經過很多事，驚豔中也有些理所當然，明明都是第一次發生，又彷彿是重溫舊夢。

離開巴黎前夕，因為預約訂房的陰錯陽差、或應該說是冥冥中注定，必須臨時改變行程。一位剛認識的朋友，熱忱地請我到他家留宿，以便隔天開車送我去機場。晚間我忙著收拾行李，客房的主人陪在一邊聊天，他無意間看到那張明信片驚呼：「老天，這是我家巷口前的地鐵站，我天天都經過，在巴黎住了二十幾年，怎麼從來沒發現它出現在風景明信片上？」

我隨口說：「每個地鐵站都長得差不多吧？」對方聽出我的疑惑，當場邀我下樓走到巷口，看見與明信片一模一樣的景象。微雨過後的街道，地鐵站入口四周彌漫著薄霧，微光穿透樹蔭，把墨黑的夜景渲染成綠色。

前世與今生，不斷輪迴，在忘記與憶起之間，覺察自己的課題

此刻的時間，彷彿不是線性的行進，而是前世與今生的交疊。巧合與注定，往往就只是一線之隔；陰錯陽差，也是一秒之別。關鍵在於：當下做出的決定。

前世、今生，可以是同時出生的雙胞胎；也可能是先後報到的難兄難弟；或許兩者根本就是陌路。會改變彼此命運是：你用什麼角度去詮釋它。

儘管這幾年因為照顧長輩，我不再能像從前那樣說走就走，出發遠行，但仍和自己有個巴黎之約，是餘生待續的緣分。

而我總能在期待的當下，就如同真正到訪過一次。身處巴黎和台北不同城市，我其實常分不清哪個我是前世、哪個我是今生？

除了大家耳熟能詳「莊周夢蝶」的故事，老子也曾回應孔子說：「夫天下也者，萬物之所一也。得其所一而同焉，則四支百體將為塵垢，而死生終

始將為晝夜而莫之能滑，而況得喪禍福之所介乎！」（語出《莊子．外篇．田子方》）大意是：宇宙是萬物合一的環境。只要能夠覺察這個道理，肉身最後終將化為塵垢，出生與死亡、開始與終結，就像日以繼夜的更迭，沒有誰能擾亂，也不必介意得失禍福。

前世與今生，不斷輪迴，自然有靈性上的意義。在生生不息的生命河流中，我們來來去去，不同的姿態，不同的際遇，卻在某些角落重新憶起：我好像來過這裡，卻又再度遺忘自己。只有保持覺察，讓靈魂甦醒，才能不忘初心地繼續前行。

改變命運的關鍵是：
你會用什麼角度去詮釋它。

盡情瀟灑地和往事乾杯

抓緊「前世」不放，很容易在不安的情緒中愈陷愈深。

三十幾歲時，有一次去算命，那位命理老師精通易經，看了我的生辰八字，鐵口直斷地說出，我仍是胎兒時，母親置身的環境，以及她臨盆時的狀態。我回家向母親求證，居然和命理老師所描述的內容一模一樣。

那次的談話，讓我對一個生命的謎團恍然大悟。之前我每到華燈初上時，都會沒來由的感到心慌。原來是我出世的時間，比醫生推估的預產期，提早將近兩個月，那時爸爸不在家，媽媽沒有心理準備，本來個性就很容易緊張的她，感到非常慌亂。

每一個產婦的狀況，無論是生理或心理，都會直接地影響胎兒。母親那一刻的慌張，似乎也讓我深感不安。

在此之前，我都是這麼想的。

直到最近幾年，在靈性學習上有所進步的我，才慢慢發現，或許這也可能是倒過來的邏輯——是我的不安，讓母親感到慌張。

整個宇宙之中的眾生，都生活在各種互動關係裡。沒有任何人，能夠置身事外。你以為是別人的問題；但很可能是自己造成的。

即使孤獨自處、離群索居，依然無法真正脫離互動的因果。幾乎每個人都曾經無數次往返世間，累積的業力非常深重，只要活著，都還是會受到業力的影響。

而我們對於前世的追究，最好適可而止地停在這份情緒的理解，沒有必要不斷深入挖掘，否則很容易淪為「雞生蛋」或「蛋生雞」的問題。對活出此生的意義，創造自己的價值，並沒有真正的幫助。

靜下心來，就能接收宇宙的訊息 走向愛與寬恕的路途

其實我對孩提時代的記憶，比一般人成長過程中的印象深刻很多，三、四歲前的生活畫面，到現在依然歷歷在目。

只是我萬萬沒有意料到，這位命理老師居然連我還是胎兒時所處的生活情境，都能說得清楚、講得明白。

命理老師的說明和解釋，對我起了療癒作用。事隔多年以後，我再回頭看待之前常常跑去算命的情景，發現透過命理師的分析，只要他對於我的過去，能講出個八九不離十的道理，內心就會升起「終於有人懂得這些滄桑過往」的感動，有助於自我療癒。

回家與母親印證我出生的狀況，聽著母親津津有味、甚或餘悸猶存地講述那天的狀況，雨下得多大，舅舅僱請三輪車，把她和腹中的我送去台北馬偕醫院，爸爸帶姊姊喝完喜酒，趕到醫院……我心中充滿不捨、悲憫，與感

恩，因而將先前每到黃昏就心慌的不安，徹徹底底的釋懷。

放下過去，瀟灑地和往事乾杯，是療癒自己最好的方式。但我知道，並不是每個人都可以做到這樣。

如果不肯放下，緊緊抓著過去，強調那份不安，如討債般地向老天索求更多的安全感。表面上似乎是順服命運，可憐被迫害的自己，向別人和老天要求平反；到頭來，卻變成跟自己過不去，更頑強地抵抗改變自己的可能，很容易在不安的情緒中愈陷愈深，與快樂漸行漸遠。

說起來，我真的是很幸運的人。當心中兩個不同層次的自我在對話、或爭論時，只要靜下心來，就不會每次都會被內在充滿恐懼的「小我」牽著鼻子走，而是接收到來自宇宙另一端的訊息，引導我走向愛與寬恕。

宇宙之內的眾生，
都生活在各種互動關係裡，
沒有任何人能夠置身事外。

不要執著前世而辜負今生

「前世」之前，還有太多「前世」，追究不完。當下，才是最重要的。

朋友參加冥想課程回溯前世今生，看見自己某一世的遭遇，百感交集而泣不成聲。

我在現場觀察，他清醒後的反應是：

「啊，原來我就是這樣的人呀！」

「啊，原來我之前是他的奴隸啊，難怪今生要繼續被他的情緒控制。」

「啊，我上輩子殺了這麼多人，這輩子才會這麼衰，真是報應啊！」

以上的反應，是因為身體的意識被「小我」牽著鼻子走。「小我」比較懶惰，它希望維持身體的意識既有的習慣，它才能有繼續主導的空間；但「高我」，也就是最接近神性的自我，卻不樂見這樣，而是希望透過連結「超意識」釋放愛與寬容，提供療癒的幫助，最後可以原諒那些沒有善待我們的人，最終我們也懂得要善待自己。

若無從接收「高我」給出完整的訊息，不夠勇敢去接受重大的挑戰，就會在知道部分「前世」的來龍去脈後，只是對號入座，繼續安於現狀。這時候，「小我」很容易繼續贏得這場辯論，讓身體的意識依然安棲在原來的「舒適圈」裡，理由很簡單：「我就是這樣的人啊！」「這就是我應該得到的境遇！」「這是命中注定！我沒有能力扭轉眼前的事實，克服目前的障礙。」

正因為這樣的執著，就很容易忽略「高我」不斷召喚的另一種完全不同的聲音，例如：

「你的內在是完美無瑕的啊！」——而不是「小我」所說的：「啊，原

如何看待「前世」？
「前世」的際遇，可幫助理解「今生」，
但不要變成限制。

來我就是這樣的人呀！」

「你可以有更好的發展！」——而不是「小我」所說的：「啊，原來我之前是他的奴隸啊，難怪今生要繼續被他的情緒控制。」

「眼前的事實、克服目前的障礙，都只是幻相。」——而不是「小我」所說的：「啊，我上輩子殺這麼多人，這輩子才會這麼衰，真是報應啊！」

可以理解「前世」的因果，但「當下」才是最重要的。

輪迴之說，本來可以用來勸人向善；但是，常常得到反效果，成為不想負責任改變自己的人，找到藉口開脫。即使是願意以今生行善來彌補前世的罪孽，也變成有點「交換條件」的味道。

「前世」的際遇，可以是一種幫助你對「今生」的理解，但千萬不要變成限制。若太執著於「前世」，很可能會辜負「今生」——這是多年前，我有機會在聖嚴師父生前向他請益，數次訪談紀錄中，最大的收穫之一。

與聖嚴師父對談的珍貴筆記，現今已改版為《煩惱也沒關係；牽掛，表示你在意》（悅知文化），這本書的最後一句話是：「真正有心的人，總會乘願再來。」靈魂會記得自己的使命，但不會讓肉身的意識有罣礙。

佛學講求因果、相信輪迴。但聖嚴師父特別提醒：沒有必要追溯「前世」。因為「前世」之前，還有太多「前世」，追究不完。當下，才是最重要的。如果因為追究「前世」，而忽略當下，就本末倒置了。

除非，我們已經有足夠的靈性能量，瀏覽「前世」而不被那些畫面限制，純然地以慈悲的態度同理自己過去的來歷，而不執著於那些已逝的恩怨情仇，能夠不依賴過去以決定未來，更不要用過去的遭遇，替自己找到不願改變、不求長進的藉口。

靈魂會記得自己的使命，
不會讓肉身的意識有罣礙。

揮別前世遭遇，開創全新的自己

理解「前世」的遭遇，化解今生的心結，否則會被幻相所困。

有些熱中靈修的朋友，像上癮般地迷戀回溯「前世」，有時候還會像是「呷好到相報」似的，一傳十、十傳百，相互介紹哪個老師通靈、哪個老師會催眠、哪個老師帶領團體靜坐冥想，為的就是看自己的前世。

而且，他們在催眠中回溯「前世」的體驗，聽來令人感到相當夢幻，甚至心嚮往之。

真心說，我很尊敬這些帶領課程的老師，也相信學員們在這些老師協助回溯「前世」的引導之下，各自腦海所浮現種種與「前世」有關的線索或畫面，對部分亟需心靈撫慰的朋友來說，確實會有某種程度的療癒作用。

相對地，我也看到很多朋友沉溺在追溯「前世」的過程，不斷去尋找合理化自己行為與今生遭遇的原因，當他們把努力聚焦於此，甚至大於改變自己內在那個「小我」的習氣，而沒有傾聽「高我」的召喚，最後他們還是把自己禁錮在身體的軀殼裡，繼續憂傷、多慮、沉鬱。

以一位男性朋友為例，他的感情一直不順，歷任女友不是劈腿背叛，就是遭遇橫禍。他的工作常遇到阻礙，安分上班卻被炒魷魚，創業又被倒債。從各方面說起來，他的人生際遇真的很慘痛。

在某個因緣際會之下，他上過幾次靈修課程，被老師帶領回溯「前世」，過程中不斷啜泣哭喊。他描述觀想時所看到的畫面，幕幕充滿血腥。老師說他在「前世」是個職業殺手，毀掉無數幸福家庭。

第一次聽到這種說法，他既內疚、又難過，差點當場發誓要終身吃素，以求懺悔。過幾天之後，他覺得太苦了。再去報名另一個靈修老師的課程，上過幾堂課，又碰到催眠的主題，這次回溯到另一個「前世」，卻是更慘的一生，他是個江洋大盜，殺燒淫擄，無惡不作。

以愛與寬恕，克服內心的恐懼，重新開創新局

幾次類似的課程結束後，他顯然強忍鎮靜地對我說：「這一世就是報應，我注定不會功成名就。」

我有點疑惑是：那些引領他回溯「前世」的老師們，怎麼沒人教他如何面對今生，以積極的態度處理，至少先消災解厄吧，或是更積極地改變自己，創造新的命運？

身為他的好友，此時不宜說什麼冠冕堂皇的話來鼓勵他。只能傾聽他的苦悶，讓他好好宣洩一番。但我心裡很明白，他必須學習善用理解「前世」的遭遇，才能化解今生的心結，否則只會被觀想前世所得到的幻相所困。

或許，替自己過去的不順利，找到下台階，也是一種療癒方式；但是，那樣的效果很短暫、也很有限。當下一次挫折來到的時候，還要用幾個「前世」來讓自己懺悔認錯？

就算願意對「前世」的所作所為，誠心地接受並悔改；也不足以面對今生在眼前不斷出現的挑戰。

當一個全心想要開悟的人，與在「前世」中已經傷痕累累的自己相遇後，該如何以愛與寬恕，克服內心的恐懼，重新開創新局，活出生命的奇蹟呢？這才是追求靈性成長，最重要的意義。

很顯然地，即使透過催眠可以重現「前世」的各種遭遇，卻仍無法教會自己如何面對今生。所以，並不需要太過於依賴回溯「前世」，只需改變今生的自己。

回溯前世，是為了改變自己，
創造新的命運。

重新詮釋前世的靈魂腳本

對自己的「前世」，知其然，也知其所以然之後，當場就要放下。

雖然我肯定「前世」的存在，也認為回溯「前世」有短暫的療癒功用，但是每個人並不一定要回溯「前世」，而且還要提防它可能會有副作用。當下，所有與愛無關的，都是虛妄，更何況是前世。尤其是那些會令人有罪孽感的畫面與情緒，都是幻相。除非，經歷那些短暫的回溯之後，可以讓靈性覺醒，迎來「高我」現身，引導自己從內心生出愛與寬恕的力量。

我開始學習靈性課題之初，曾經因為擔心親友病情而一時困惑，就請教某位知名的靈修老師。

在他引導下回溯「前世」，畫面中看到我攀岩走壁尋草採藥，幫病人把脈針灸。他斷言說，我曾經是明代醫藥專家李時珍身邊的弟子。他還說，我這一生若鑽研藥草和醫學，必定會感到駕輕就熟。

呼應意識層面的今生記憶，回想到我小時候住在台中新社山上那幾年，聞到花草的味道，覺得有似曾相識的熟悉感。

童年的我，個性好動頑皮，常和幾位同伴攀岩走壁，小手小腳緊緊抓著佈滿青苔的懸崖石縫，非常濕滑，竟不感到害怕。還有一項絕學，就是我幫大人按摩，可以無師自通而精準地按到穴道，讓他們在酥麻痠痛之餘，對我的技術嘖嘖稱奇。

進入職場後，在HP台灣惠普公司任職時，還曾調配到醫療儀器部門擔任行銷工作，主管為了訓練非醫科出身的我，能夠具備與醫師與護理人員溝通的專業知識，指定我閱讀醫學百科全書、人體解剖學等書籍。

照護媽媽將近三十年來，我幾乎大部分的時間，都要陪她看診，其中有很多次數是中醫及針灸，回家還要幫忙煎藥……

光是靈修老師淺淺地說了一個他所看到我的某個「前世」，就串連起我很多深刻的生命經驗，讓我覺得很有意思。但是，並沒有勾起我轉行從事藥理研究的念頭。當我對自己的「前世」，知其然，也知其所以然之後，當場我就放下了。

我對靈修中回溯「前世」的體驗是：可以當作一個故事，大致了解它的來龍去脈與因果關係，但千萬不要受限於劇本的安排，導致對自己的今生有不得不的宿命論。我們應該把心思乎花在如何重新詮釋「前世」的靈魂腳本，找出必須面對與解決的課題，創造新的可能。

碰到困難與挑戰，並非是阻礙，而是練功的機會

很有趣的是，之前還有另一個通靈老師，說我根本沒有「前世」，因為我

在天上很久了，這一生是第一次下凡來經歷人生。

每次我分享這個經驗時，朋友都會消遣說：「你八成是在天上犯了大錯，才會被貶到人間！」其實，當時那位通靈老師給了我一個溫暖幸福的答案：「你是因為修行得很好，被派來幫助人間眾生修行的！」

由此可知，同樣的腳本，至少會有兩種截然不同的詮釋角度，你相信什麼，就會得到什麼。

通靈老師的說法，和我後半生的計畫，不謀而合。那時候，我已經在思考，如何分享靈性療癒的學習，幫助別人得到屬於自己的幸福。

自從我開始發願要幫助別人解惑之後，連結「高我」訊息的次數與頻率愈來愈高。尤其是碰到困難與挑戰的時候，當下立刻可以分辨出它們並非是阻礙，而是練功的機會，每過一關，功力就會倍增。

現在的我，已經出發往這個方向前進，無論是從事行銷管理顧問工作、主持節目、寫作、或是演講，都是執行靈性任務的管道，以陪伴世人透過覺察而認識自己。

知道「前世」之後，該怎麼回應？
當成一個故事，了解其來龍去脈與因果關係，但不要受限於劇本的安排。

療癒前世的創傷記憶

心靈能治療身體，身體則以病痛提醒當事人關注心靈。

早些年我尚未能夠隨時直接收到來自「高我」的指示，偶爾有機會透過靈媒朋友轉告一些與我相關的訊息，其中也包括身邊的親友。例如：他們的「前世」是做什麼的，跟我有過怎樣的因緣。

印象深刻的經驗，是許多年前我在某個場合，碰到一位通靈老師，我跟他素昧平生，沒有任何交集。初次見面，彼此友善對待；但是，他很單刀直入地跟我說：「我聽到你的母親一直在向你求救，她無助而焦慮地喊著：

『救我！救我！』」

雖然是短短的一句話，卻切中我非常敏感的神經。如果他跟別人這樣講，有可能會被當成無稽之談；但是他的這番話直指母親中風之後，多年來我心中最深刻的體會。

有個相關事件的畫面，在意識層面上，只有我一個人知道，至少我從未向他人提及。

沒想到，這位通靈老師竟能感應到。

這是發生在二、三十年前的往事，某個初夏的清晨，母親在傳統菜市場中風倒在路邊，我接到攤商好友的通知，急著趕去現場，抱起她要送醫的那一刻，她在我懷裡喊的就是這一句：「救我！救我！」

原來，即使過了這麼多年，母親始終無法擺脫她的夢魘。

儘管，我們已經把她從躺在加護病房幾個星期的垂危病體中搶救回來，之後又歷經身體許多不同病症的治療，沒想到，她的靈魂依然糾纏在極度不安的情緒裡。

靈魂記憶，可以因為得到撫慰而徹底地清理

以上是我大致的理解；但是，通靈老師的解釋還不只是這些。他說：「令堂的前世，曾經是在沙場陣亡的士兵；中箭落馬那一刻的驚懼與痛苦，一直還鎖在她今生的靈魂深處。」

當時聽見這一席話，讓我很著急想幫母親療癒藏在她靈魂裡的巨大陰影，這很類似心理學的「複雜性重大壓力後創傷症候群（CPTSD）」。

「我該怎麼做，才能幫母親化解這個被埋在潛意識裡的傷痛，療癒她受傷的靈魂記憶？」已經等了幾十年的我，不想錯過這個機會。我想，對母親來說，應該是等了數百年吧！

若是一般的個案，透過傳統的心理諮商、配合現代醫學治療，或許可以慢慢痊癒。但既然有通靈老師主動向我提起，可能是一個機會，可以透過靈性療癒的方式，替媽媽調校內在的頻率。

他說：「你回家後，連續七天幫你的母親按摩肩頸，每次按到穴道的時候，對她受傷的靈魂記憶說：『放心，沒事了。請好好照顧自己的身心，讓所有的恐懼與怨念消失吧！』」

我因為擔心驚嚇到母親，並沒有向她提起這件事，以免她覺得太不可思議而排斥。

我像往常一樣，利用陪母親看八點檔電視連續劇的時候幫她按摩，很自然地執行這項超級任務，希望她的靈魂記憶，可以因為得到撫慰而徹底地被清理。

就這樣連續為母親按摩七天，對她受傷的靈魂記憶說：

「放心，沒事了。請好好照顧自己的身心，讓所有的恐懼與怨念消失吧！」

一段時間之後，母親的狀況漸漸有些改善，她的神情比較平靜，臉上憂慮的線條也柔和許多。

請對受傷的靈魂記憶說：
放心，沒事了。請好好照顧自己的身心，
讓所有的恐懼與怨念消失吧！

清理「前世」受傷的靈魂記憶，可以修復被破壞細胞

藉由了解母親的「前世」，在她不知情的情況下，幫助她療癒受傷的靈魂記憶，確實有些明顯的效果。

這些年來，我閱讀許多與「靈性療癒」主題相關的書籍，也上過一些課程，累積不同的工具和方法，都在持續不間斷地實踐中。療癒，是一條漫漫長路。或許，未必每次都能立竿見影；但是，只要持續進行，就會漸漸感受身心的變化。

例如：《零極限》（方智出版）書中教導的，默唸「對不起！」「謝謝你！」「請原諒我！」「我愛你！」等四句話，可以用來進行清理。

此外，我還持續進行《療癒密碼》（方智出版）書中提到的七個動作與指令，為母親處理身心靈的議題。尤其在她治療癌症的期間，超過五年以上的實際驗證後，我認為這個方式，對於清理「前世」受傷的靈魂記憶，有某種

程度的幫助。

從我幫助母親療癒身心所累積的經驗，回頭仔細推估後發現：以上提到的方式，再加上每天持續誦讀與抄寫《心經》等多管齊下，讓家母在關關難過關關過的這些年來，通過重重考驗，包括：中風後遺症帶來的身體病痛、罹患憂鬱症的心理陰影、及癌症療程的百般折磨，重拾平靜安適的靈性內在。這是我和她，以及全家人共同創造的一項奇蹟。

再怎麼強壯的身體，也無法治癒心靈的創傷，它只能透過傷痛，提醒當事人關注心靈；反而是透過心靈能量的轉變，有機會可以治療身體的疾病。

從這個道理，可以理解：我們的心靈比身體強大很多。用靈性的各種工具與方法，清理「前世」受傷的靈魂記憶，可以修復被破壞細胞，療癒今生的身體。

更值得期待的是，不間斷地進行更深層的療癒，持續釋放烙印在靈魂上的恐懼，同時可以喚回累世輪迴所得到的智慧，得到脫胎換骨的結果，幫助自己和他人都活出精采人生。

療癒，只要持續進行，
就會漸漸感受身心的變化。

每個當下，就是新生

放下過去、拋開未來，此刻就是天堂。

儘管在十二歲前我已透過函授的方式，獲頒完成聖經課程的證書，對基督教的理念及聖經故事有些了解，但畢竟鑽研得不夠深入。以我粗淺的認知：大部分基督教的朋友，不講「前世」和「輪迴」。「輪迴」是婆羅門教主要教義之一，認為四大種姓及賤民，將於輪迴中生生世世永襲不變。

佛教闡述的「輪迴」是一個過程，死後「識」會離開人體，經過一些程序，再進入另一個新生命體內，可能是人類，也可以是動物、鬼、神。唯有修行到達涅槃的境界，才能夠擺脫輪迴。

另一些對「時間非線性」主張深信不疑的好友，對「前世」和「輪迴」的時間軸，可能有不同的見解。

為了不陷入太多深奧的辯證，我傾向開放性的態度，認為它有存在的可能，但也未必一定存在。或許它對某些人有意義，但不是最關鍵或最重要。研究「量子物理學」的朋友，對「前世」和「輪迴」也有獨特的解釋方式。其中有個朋友主張「立即輪迴」的說法，他舉例說，你看桌上的水杯，安靜地佇立在那兒，其實它已經經過了很多次輪迴。

聽懂的人，就聽懂了；聽不懂的人，愈聽愈糊塗。我想那是因為聽不懂的人，心中始終有個傳統觀念的障礙，以為所謂的「前世」和「輪迴」都必須經過具體的生死關卡，但那還是被「線性時間」的觀念限制住。

若時間並非線性的，「前世」和「輪迴」可以在當下完成，連朝生暮死這一個過程都不必等待，只要完全明白自己可以免除匱乏於愛的恐懼，獲得療癒，並感到圓滿，立刻就是重生的開始。

活著不是為等待死亡；生死輪迴就在當下

這個觀點可以為東西方的佛教和基督教，找到一個很相似的共同交集點，就是「當下」的概念。放下過去、拋開未來，此刻就是天堂。

當你願意相信，並且可以做到，就不會落入「前世」和「輪迴」的負面圈套。如同前述，有些人把此生的積習難改，推給「前世」的遭遇太坎坷，有些人想要行善的目的，不是真心無條件要對別人好，而是想要替自己買一張消除過去惡行的贖罪券、或是來生可以進入天堂的入場券。這些想法與做法，都無助於當下的覺悟。

奧修（Osho）曾經表示，生死輪迴與解脫是經驗，而不是信念。他是知道它，而不是相信它。

明代傳頌至今的《了凡四訓》中，有關「立命之學」提到：「從前種種，譬如昨日死；從後種種，譬如今日生；此義理再生之身。」作者是篤信佛教的袁黃先生，在六十九歲高齡，將一生體驗的處事智慧編寫成書，希望勸世行善。他辭世於七十四歲，比當初算命先生講的「只能活到五十三歲」遠有過之。

或許他在三十六歲那年（西元一五六九年，隆慶三年）遇金陵棲霞山雲谷禪師，聽講行善積德可以改造命理，如大夢初醒，捨棄原名袁黃，而改名為了凡時，他已經在「前世」和「輪迴」之間，走過一遭復活的路了。

「從前種種，譬如昨日死；從後種種，譬如今日生；此義理再生之身。」說得多麼有道理啊！活著不是為等死；生死輪迴即在此刻。每個當下，都是新的開始。

當下是放下過去、拋開未來，
此刻就是天堂。

✦巧合與注定，往往只是一線之隔；陰錯陽差，也是一秒之別。關鍵是：當下做出的決定。

✦前世、今生，可以是同時出生的雙胞胎；也可能是先後報到的難兄難弟；或許兩者根本就是陌路。會改變彼此命運的是：你用什麼角度去詮釋它。

✦前世與今生，有它輪迴的秩序。在生生不息的生命河流中，我們來來去去，不同的姿態，不同的際遇，卻在某些角落重新憶起：我好像來過這裡，卻常忘記每次來到這裡的目的。

✦如果不肯放下，緊緊抓著過去，強調那份不安，如討債般地向老天索求更多的安全感。表面上似乎是順服的命運，可憐被迫害的自己，向別人和老天要求平反；到頭來卻是跟自己過不去，更頑強地抵抗改變自己的可能，很容易在不安的情緒中愈陷愈深，與快樂漸行漸遠。

✦輪迴之說，本來是宗教勸人向善的一種方式；但是，常常得到反效果，成為不想負責任改變自己的人，找到藉口開脫。

✦很多朋友沉溺在追溯「前世」的過程，不斷去尋找合理化自己行為與今生遭遇的原因，當他們放在這個部分的努力，大於改變自己內在那個「小我」的習氣，而不能傾聽「高我」的召喚，最後還是把自己禁錮在身體的軀殼裡，繼續憂傷、多慮、沉鬱。

✦沒有必要追溯「前世」。因為「前世」之前，還有太多「前世」，追究不完。當下，才是最重要的。如果因為追究「前世」，而忽略當下，就本末倒置了。

✦即使透過催眠可以重現「前世」的各種遭遇，卻無法教會自己如何面對今生。所以，並不需要太過於依賴回溯「前世」，只需改變今生的自己。

✦清理「前世」受傷的靈魂記憶，可以修復被破壞的細胞，療癒今生的身體。

✦當下，所有與愛無關的，都是幻相；更何況是前世，尤其是會令人有罪孽感的，絕對是幻相。經歷那些短暫的幻相之後，可以讓內在的「高我」現身，獻出愛與寬恕的力量。

✦「前世」和「輪迴」可以在當下完成，連朝生暮死這一個過程都不必等待，只要完全明白自己可以免於匱乏愛的恐懼，獲得療癒感到圓滿，立刻就是重生的開始。

03 連結

世上的每一個人、每一樣東西，
全都閃耀著光輝，美不勝收。
所有的生命皆在寂靜與絢爛之中
放出光芒。

大衛・霍金斯
（David R.Hawkins,M. D. Ph. D.）

行｜前｜導｜覽

從前世到今生，路過的人、經過的事，其實都具有彼此療癒的意義。根據哈佛大學心理學教授斯坦利．米爾格蘭姆（Stanley Milgram）提出的「六度分隔理論」（Six Degrees of Separation）——你和任何一個陌生人之間所間隔的人不會超過六個。也就是說，最多通過六個人你就能夠連結另一個人。然而，你此生和家人朋友連結的意義是什麼？你和內在的最高的自我，要如何連結呢？

這段旅程中，我將分享有關「連結」的意義與目的。從父母、手足、親戚、朋友，以至於所有人際關係，包括：童年玩伴、朋友、同事、情侶、夫妻……這些連結其實是我們在轉世之前，就已經計畫好的人生腳本，所有的人都是按照劇本詳實演出，一切發展都是自己的選擇。「連結」讓我們看清楚來龍去脈，對每個相遇，充滿感恩。

解讀靈魂的出生前計畫

此生所有遇見的人與事，都是轉世前預訂好的計畫內容。

所有靈魂的本源都是一體的，來自浩瀚宇宙的光。每個人的肉身，看似是個別分開的獨立個體，但即使是沒有血緣關係的兩個人，甲內在的靈魂、和乙內在的靈魂，都存在連結。

當一個人投胎到某個家庭，和父母的關係最為深厚，如果有手足的話，就是兄弟或姐妹次之。現代婚姻結構比較多元，在重組家庭裡，可能還有同父異母、同母異父的親子關係。

這些不同形式的連結，是肉身來到這個世界之前，靈魂預先設定好的組合，並有一套劇本支持這些角色之間的關係，但各自要如何互動，採取什麼作為，就是今生的功課。

有些父母在教養子女感到挫折時，會賭氣地叫罵：「早知道，我就不應該把你生下來！」個性比較剛烈的子女，還會頂嘴：「如果我有選擇，我也不想當你的小孩！」這段對話只是意氣用事，並非靈魂的本意。

很多人必須在學習靈性課題之後，才會知道這個秘密：來到人世之前，我們已經選擇父母；當然，父母也選擇子女。彼此的靈魂，早在轉世之前，就已經對各自角色的設定達成協議。

不只如此！我們此生來到這個世界，所有遇見的人與事，都是轉世前預訂好的計畫內容。我們所接觸到的親友、玩伴、同事、戀人、伴侶……儘管緣分深淺不一；但都有它的意義。

這就是所謂的「出生前計畫」，詳情請參閱《靈魂的出生前計畫》（方智出版）。作者羅伯特．舒華茲（Robert Schwartz）在另一項與靈媒合作的實驗中提到：「在出生前，我們與指導靈，以及那些即將和我們一同參與此次轉世的靈魂有過非常深入的對談。討論想學習的主題，以及要採用什麼方式來學會。」這份出生前所擬訂的計畫，脈絡深遠而且細節分明，包含種種人生的考驗，以及這些挑戰背後深刻的意義。

學習多年之後，我的心得是：此生的每一個人、每一件事，之所以來到我們的面前，都是轉世之前就設計好的，要考驗自己是否可以超越「小我」的侷限，發揮內在無限的愛與寬恕，讓彼此得到療癒。

每次遭遇的人與事，都含有鍛鍊靈魂的意義

每當我對生命的際遇感到疑惑，難以相信眼前所經歷的痛苦，會是靈魂在我出生前所預設的計畫時，就會反問自己：「如果是真的呢？如果真的是我自己在出生前就計畫好這樣的經歷呢？我為什麼要這樣做？」

從自我對話中，找到獨特的角度去看待生命的經驗，以比較高的覺察對待每一次遭遇，並且在其中發現不凡的意義。如果每一段遭遇，都是之前設定的劇本，考驗自己在這個情境中，會做出什麼樣的決定？

當肉身的意識，能夠連結到超意識，洞悉眼前所面對的艱難或挑戰，正是鍛鍊靈魂的使命，這個覺察就成為自己是否可以超越困境的關鍵。

所有不如意的遭遇中，都藏著一份包裹在砂紙裡的生命禮物，等待你拆閱。或許它的包裝並不美好，但其中的智慧卻彌足寶貴。

若錯過這次的學習，不僅可能遺憾終身；甚至，還要透過不斷輪迴，重修同一個課題。這並非是報應或折磨，而是靈魂渴望能夠透過肉身的學習跨越這些障礙，所以終將乘願再來，直到完成這個使命。

在不如意的遭遇中，
發現一份包裹在砂紙裡的生命禮物。

一切都是自己的選擇

愈是痛苦的經歷，愈要特別留意其中該有的學習。

自從我漸漸相信，此生的際遇，來自轉世前的預先設計，心態上有很大的改變。除了更有勇氣面對困難、認真學習經驗之外，還對身邊的人與事，懷抱更深的感恩與悲憫。

同時也會不斷提醒自己：必須對自己轉世前的選擇負責，不能把責任推給別人，也不再怪罪任何對象。

《創造生命的奇蹟》（方智出版）作者露易絲・賀（Louise L. Hay）提

到：「每個人都是自己決定要在某個時空點上降生到這個人世間的。我們選擇來到這裡，是為了學習某些特定的人生功課，好讓我們往靈性及進化的道路邁進。我們選擇自己的性別、膚色和國籍。接著又尋找一對可以配合我們此生功課的父母，他們反映了我們這一世要努力的面向。」

當我相信這一生所有的際遇，都是出於自己的選擇，觀念上就會產生很具體的改變，簡單歸納如下：

1. 既然是自己的決定，就表示其中是有意義的；要有自覺：我並不是被動的、無辜的，因此可以擺脫「受害者」思維。
2. 會更冷靜的面對處理，並且問自己：我要在這裡學到什麼呢？
3. 愈是痛苦的經歷，愈要自己特別留意其中該有的學習，然後得到面對與處理的智慧，甘之如飴。
4. 感恩身邊這些人的配合演出。無論他是小人、還是貴人，都是為了要幫助我學習成長，才扮演成那樣的角色出現。

當靈魂可以連結更高的自我，就會產生不同層次的視野

舉一個既溫馨、曲折、又令我恍然大悟的例子來說吧。我在青少年時期之前的生命經驗，比較曲折坎坷。從小就不停搬家，要適應很多次不同的環境。當時的我，體弱多病，功課不好，連高中都沒有考上。但是，我始終很珍惜五歲到十一歲，那六、七年的時間。爸爸因為轉換工作職務，我們全家從台北市區搬到台中山上，也就是現在台灣觀光勝地，盛產香菇以及欣賞花海的新社鄉。

那幾年的生活環境，讓我有豐富且深入的機會與大自然獨處，整天聽風、看雲、追著夕陽、和老樹對話。我一直認為，是那個時期的成長環境的養育與薰陶，才能造就我擁有心胸開闊、敏銳觀察、多元創造的特質。

冥冥之中，我也有很微妙的感覺。「爸爸換工作」和「讓我搬到山上生活」這兩件事情在靈性上的因果關係，很可能和我們現實中所理解的邏輯，

正好是倒過來的。

換句話說，並不是因為「爸爸換工作」，才有機會「讓我搬到山上生活」；而是為了「讓我搬到山上生活」，所以「爸爸換工作」。

當靈魂可以連結「高我」，就會產生不同層次的視野。只要我可以用這個方式思考，就不會埋怨「爸爸換工作」，我們才會被迫又要搬一次家；而是感激命運的安排，為了「讓我搬到山上生活」，所以「爸爸換工作」。我不知道當年爸爸是否知道這個原因，但我知道他的靈魂一定也同意這樣做，幫助我的靈魂可以得到更多的鍛鍊。

讓「意識」連結到「超意識」，應允「高我」帶領「小我」超越困境

再舉另一個例子，我的朋友在美國留學，完成博士學位回台灣，找到一份很好的工作，他原以為可以貢獻鄉里，從此落地生根，沒想到在職場上遇

相信這一生所有的際遇，
都是出於自己的選擇。

見一個很惡劣的主管，處處刁難他，還刻意陷害他，最後他終於「被迫」離職，又再度遠赴美國繼續深造，進入一個知名的研究單位，對於生物科技應用做出不凡的貢獻。

事後，他跟我說：「要感謝那個豬頭主管，若不是他，我不會有今天。」在肉身覺知的意識中，非但不記仇、還能懷抱感恩，這已經是很了不起的轉念了。或許，他的靈魂並不是這樣想的。當初他回台灣短暫歷練，再赴美國去工作，就是靈魂要他更進一步確認自己的決定。

這個概念，也可以廣泛套用於感情世界的緣起緣滅。

或許你曾經因為一個人的離開而痛不欲生，那很可能正是他這一生的某個任務，就是受命為了要來磨練你的。而且這是你轉世前就預訂的一項修行，於是他及時出現，並按照劇本傷害你的情感。

肉身的意識透過靈魂的安排，面對各種需要做出選擇的情境，如果你學會清理潛意識，讓意識可以連結到超意識，應允「高我」帶領「小我」超越困境，就能在過程中懂得處理創傷，得到智慧。當肉身的意識，不再受困於自己的七情六慾，通過這一關的考驗，靈魂也可以晉級。

生命遭遇的各種情境，都是轉世前設定的劇本，接下來要看當事人如何面對及處置。當我們經過修練之後的覺察，不再受限於「意識」的感知，穿透「潛意識」的迷障，而連結到「超意識」，也就直達所謂的「高我」，可以不被「小我」牽著鼻子走，超越當初在這個考驗中設下的障礙，也就是「過關」的意思。

或許，在超越障礙的過程中，我們會失去一些東西，甚至割捨最心愛的人或事物；但無需為此過度悲痛。心的傷痕是一枚美麗的勳章，表揚靈魂所通過的鍛鍊。

肉身有生死，靈魂永相依

人死了之後，並非什麼都沒有，其實只是肉身毀滅而已，靈魂有他的去處。

情侶因為失戀而分手；親子歷經生死而別離。肉體確實沒有在一起了，但靈魂的連結，卻還是一直都在。

這是父親突然因病去世後，這二十幾年來我為了療癒傷痛，而得到的深刻體驗。

父親本來身體非常健康硬朗，幾乎沒有因為生病去看過醫生、住過醫院。晚年的他還陪著我一起照顧中風的母親，長達五年的時間。最後那幾年，他應該是身心俱疲；只是當時也累壞了的我，並沒有及時發現。

等到父親身體撐不下去，突然倒下。他因為心臟病導致肺積水，住院四個月就離世。痛失至親之後的半年，我陷入前所未有的低潮，夜夜失眠，整個人暴瘦將近七公斤。幸好當時的我，還懂得、也願意去精神科求診，服用憂鬱症的藥物，以期暫時獲得身心的平衡。

畢竟藥物只能治標，不能治本。知道自己身心出問題，沒吃藥會很糟糕；但如果只吃藥，也不會完全好。為了治療好自己，於是我進一步地接觸信仰。

我身邊也有些本來抱持「無神論」想法的朋友，因為失去至親的機緣，而當下成為佛教徒或基督教徒。

最主要的原因，是他們想要透過宗教，找到靈魂的說法或連結，能夠說服自己：人死了之後，並非什麼都沒有，其實只是肉身毀滅而已，靈魂有他的去處，這樣就夠了！為人子女的愧疚、悲傷、痛苦，就可以減輕很多。

甚至，有人還會跟先人約好在「天堂」或「西方極樂世界」再見。

科學無法解釋的奇蹟，激發探索靈魂的興趣與信念

有一些本來很鐵齒的朋友，因為家裡有長輩過世，按照佛教儀式辦理後事，吃了七七四十九天的素之後，變成很虔誠的佛教徒。

像我這樣的敏感體質，在父親剛剛往生那段時間，當然有很多科學無法解釋的奇蹟顯現在我的眼前。這些神奇的跡象，更加深我對探索靈魂的興趣與信念。

為父親做頭七法會那天晚上，接近午夜十二點鐘，我們要正式與父親道別，並恭送他的靈魂啟程去西天。

按照禮儀的程序，我必須擲筊請求父親的同意，連續擲筊幾次，都未獲應允。當我靈光一閃，順口說出對父親的承諾：「爸，你是不是不放心媽媽和姊姊家人？請你放心吧！我會盡我一切努力照顧他們。」

再擲筊一次，立刻得到父親可以放心離開的回應。

那一刻，正好是午夜十二點。我的手機在口袋裡，一直沒有任何動靜。既沒有聲響、也沒有震動。法會結束，我送前來幫忙做法事、誦經的師父去搭車，回家後我還檢查過手機，確認沒有任何訊息。

隔天清晨五點，卻在手機裡發現三通沒有顯示對方電話號碼的未接來電，而且竟然還有留言。時間分別是：零點零一分，零點零二分，零點零三分。三通電話留言內容都是——在空中急速逆風飛翔的聲音。

即使肉身傾圮，靈魂永遠不滅，返回浩瀚的宇宙，與光的本源結合

守靈期間，我每夜都睡在靈堂前的地板。某天清晨五點，在如夢似醒的寤寐之間，看到父親回到中年時期的樣貌，穿著白色如唐裝的衣褲，從窗邊帶著微笑飄了進來，我還問他：「要不要吃稀飯？」

他沒有真正開口說話，只是點頭微笑示意，我感應到的訊息是：「不用

了，我要去聽經。」他用很溫暖的表情看著我，然後轉身離開。我立刻醒來，發現他來去的那道窗，都是朝向西方，而且他是用飄的。

一直到中午，我接到法師的電話通知：「我們今天清晨五點，就開始誦經了。」這才想到那天早上，正好是我事先去佛寺幫父親立牌位，參加超度與祈福法會的日子。難怪，父親說要去聽經。

這些穿越不同空間的體驗，讓我在陷入絕境的悲傷中，看到一絲完全不同於以往的希望，因此更加相信：每個人所擁有的，絕對不會只是肉身而已。即使肉身傾圮，靈魂永遠不滅。

這些不受限於科學的經驗，未必一定要透過宗教儀式。真正的信仰，是即使沒有接觸宗教，也能體驗的神奇力量。

每個人都是光的使者，當肉身毀滅，靈魂就會從肉身抽離，從地球返回了浩瀚的宇宙，那裡有無比巨大的光源，並且匯集所有永恆不滅的能量。

以這個角度詮釋生命，可以說是：父親和母親給我這具身軀，讓靈魂決定轉世時有一個最好的選擇，來到地球展開一生愛與寬恕的鍛鍊。

從出生之後，我模模糊糊地開始摸索，這一世來到地球的使命與任務，並不斷試圖和最高的靈性連結。直到父親捨下了他的肉身，顯化靈魂的存在，讓我學會覺察，穿透經由意識所感知的喜怒哀樂，不再受限於「小我」的恐懼，漸漸知道要尋找「神性」的方向，和內在的「高我」連結，然後往彼此相認的路途前進。

真正的信仰，是即使沒有接觸宗教，
也能體驗的神奇力量。

在日常中與高頻共振

只要你願意放下成見，誠懇相待，用心傾聽，就可以獲得上天要給你的訊息。

雖然在狹義的宗教定義中，父親是個「無神論者」，平日沒有刻意燒香拜佛；但依我後來學習靈性的角度看來，他為人處事的原則與方式，總能超越一己之私，以顧全大局的立場去體貼他人的感受與需要，顯然是依循內在更高層次的指點。

父親一生的行誼，成為我的典範。這也是我的肉身能夠再次與靈性中的「高我」，漸漸產生連結的助力之一。我曾經很遺憾，沒有在父親生前就開始專注於研究靈性的課題，否則應該可以和父親多討論這方面的意見，也能夠向他有更多的學習。

後來有機會和聖嚴師父定期會談的那段期間，我向師父提起這個遺憾。聖嚴師父慈悲地說：「令尊一生待人接物、所作所為，都符合佛法。無論他是否親近宗教、或參加法會等儀式，他都已經是一位佛教徒。」

聖嚴師父的說法，療癒了我內心的悲傷。他的宗教觀，是比較廣義的：「生活的一切，都是佛法！」如果我們可以認同、也能實踐這個概念，就知道勸人向善的宗教團體，即便有各門各派，但靈性上並無分別。

除了大師開示，日常生活中，我也常遇到有助於啟發靈性的朋友。

曾經為了在廣播節目，導讀一本和靈魂療癒主題相關的新書，出版社推薦的人選是荊宇元醫師，他是這方面的專家。他希望事前可以見面，就這本書的內容及節目進行方式溝通。我們相約在一家咖啡館。

之前彼此並不相識，卻不約而同地提早到達。那是個夏天的早晨，他拖著一個色彩鮮豔的行李箱，裡面都是他認真研讀過的書籍，主題皆與靈性的療癒有關。他不辭勞苦、也不畏陽光耀眼，安靜地坐在咖啡館門前的階梯等候，額頭的汗珠閃爍著光芒。

我遠遠走來，看見閃亮的豔陽灑在他肩上。第一眼覺得這個人看起來很年輕，好像一個高中生。當他開口跟我打招呼，我就能感應到他絕對不平凡的能量。就像很多天才兒童那樣，講話的音頻偏高而且快速，動作非常敏捷，沒有任何的矯情做作，像個充滿童心的孩子。

與「高頻」感應共振，無畏無懼地展開靈性的對話

如同這些年來，我接觸過的許多靈性導師，外貌或神情有一種超越年齡刻板印象的氣質，並且可以令人在瞬間產生與「高頻」共振的感應，是超乎世俗任何一種形式的連結。眼前所見並非一具人體的肉身，而是一束光、一種能量，可以無畏無懼地展開靈性的對話。

那天，我們選擇在咖啡館的戶外座椅，明明是初識乍見，卻像老友聊天，他一針見血地提出家父過世對我的影響，意外地打開我在靈性學習上的另一扇大門，和「高我」再一次產生更進一步的連結。

對我來說，這些連結的體驗，就彷彿是在靈性學習的路上，不斷地遇到的「高靈」。而且，上天給我靈性訊息的時機沒有太早、也沒有太晚，內容沒有太多、也沒有太少，就是當下我所需要的，我所能接受的。若非不早也不晚的時刻，不多也不少的提示，我很可能根本接收不到，或即使接收到了，也因為聽不懂而無法全盤接受。

眾生，若不是佛，至少也都在成佛的路上。每一次的萍水相逢，無論是擦肩而去的過客、或因緣深厚並肩同行，只要我們願意放下成見，誠懇相待，用心傾聽，就可以從對方身上獲得來自宇宙的重要資訊，那就是上天給予的訊息。

「高頻」共振的感應：
是一束光、一種能量，可以無畏無懼地
展開靈性的對話。

身心靈療癒可以自行操作

透過六分鐘的「萬用療癒密碼」，找出真正的壓力源，重新開啟免疫力。

在身心靈領域中，《療癒密碼》（方智出版）是一本很有代表性的著作。本書闡述的道理並不複雜，書中教導的療癒方式也很容易自行操作。表面上看起來幾乎是一千字就可以交代完畢的內容，但是兩位作者用了幾萬字來解說，無非就是要讀者相信這個不可思議的療癒方式，真有神奇無比的巨大能量。而其中，信念才是最大的關鍵。當你相信，就會做到。

作者之一亞歷山大·洛伊德（Alexander Loyd），本身擁有心理學與自然醫學雙博士學位，畢生的研究都在科學領域。但是為幫助重度憂鬱的妻子療癒；他花十二年的時間，足跡踏遍全球，接觸各式各樣消除憂鬱症與其他疾病症狀的技巧，卻無法獲得長久的療效。

二〇〇一年，他在機場等待航班時，心中浮現可以治癒疾病的方式，而且不必勞師動眾，也不用花大錢，僅僅只是幾個簡單的手勢，就可以大功告成。他說這是禱告十二年之後，上帝准許他下載的程式。

這七個動作，在書上的第二〇四~二〇五頁有詳細圖文解說，主要就是先將五根手指併攏，形成一個像握著雞蛋的空心圓圈，然後針對以下四個治療中心做手勢。

1.鼻梁：鼻梁和雙眉中線之間的區域。（就是我們常說的第三眼附近。）

2.喉結：在喉結的地方。

3.下頷：頷骨最後方，頭部兩側各有一個。（就是我們常說的兩腮附近）。

4.太陽穴：太陽穴向上一點三公分左右，向後腦部分一點三公分左右，頭部兩側各有一個。

做靈性的功課，最重要的是：持之以恆；運用療癒密碼，重拾身心健康

除了喉結之外，各有一個休息式，總共有七個動作，每個動作維持十秒鐘，並且必須配合以下的祈禱詞：

「我祈禱上帝的光（或任何你相信的更高力量）、生命和愛，充滿我，並且藉此找到、開啟、並療癒所有與＿＿＿＿＿＿＿＿＿（你的問題或難處）相關的，已知和未知的，負面的影像、不健康的信念、破壞性的細胞記憶、和所有的生理問題，我祈禱這次療癒的效果，能夠增強一百倍以上。」

進行以上的程序，大約歷時六分鐘，作者建議每天至少三次，療癒的效果

最快、也最具體。如果每天只做一次，也會有效。做靈性的功課，就像所有靠著練習就能出神入化的武功一樣，最重要的是：持之以恆。

《療癒密碼》闡述的原理，並非只是心靈的撫慰，而是建立於下列三個邏輯清楚的基礎上，書中有詳細的解說：

1. 地球上有某個東西幾乎能療癒生命中的任何問題。這個東西，是人體的免疫與療癒系統。
2. 地球上有某個東西會關閉第一樣東西。這個東西，是壓力。
3. 地球上有某個東西能再次啟動第一樣東西。這個東西，是療癒密碼。

療癒身心問題，除了信念之外，還要找到疾病的根源

自從兩位作者推廣六分鐘的「萬用療癒密碼」以來，已經幫助很多人療癒身心的疾病。

雖然有很多讀者見證，他們按照《療癒密碼》書中的教導去做，纏身多年的病症都已經不藥而癒。但是我建議讀者還是不要完全放棄正統醫學的幫助；因為「萬用療癒密碼」除了信念之外，還有一個很重要的關鍵，就是找到疾病的根源，也就是在祈禱詞中空下來要你自己填進去的字詞之後，找到、開啟、療癒那些相關的、已知的、未知的，負面的影像、不健康的信念、破壞性的細胞記憶、和所有的生理問題。

你或許可以感覺到自己在胃痛，但你很可能不知道真正導致胃痛的原因。除非你在真正「開悟」之前，已經具備某種程度的「通靈」，否則你可能只會陳述生理上的病痛，卻無法找到跟這個病痛相連結的心理癥結，或是哪些事件造成不恰當的信念，影響自己的身心。

這也就是作者為什麼強調要讀者「持之以恆」地進行六分鐘的「萬用療癒密碼」手勢，因為做到某個程度，當你和內在「高我」的對話進行到一定的階段，祂會為你釐清所有問題的真正原因，讓你明白要從中學習到什麼，以及如何處理負面的能量。

那些宣稱自己很快痊癒的病患，不管是痔瘡、心臟病、癌症……等患者，之所以能如預期中地透過六分鐘的「萬用療癒密碼」，而讓身體的免疫系統發揮作用，我推測是因為他們比一般人更快找到造成心理壓力的來源。唯有找到心裡不平靜的原因，才能真正抒解壓力，重新開啟免疫力。再搭配傳統醫學的檢查與用藥，讓治療產生加倍的效果。

「療癒密碼」系列已經發展到三本作品，包括：《療癒密碼》《夢想密碼》《療癒密碼2：改寫根源記憶》。對身心靈有興趣的讀者，可以參考。

做靈性功課的關鍵在於：
持之以恆。

啟動自我療癒的開關

願意開放自己，接收靈性的訊息，才能找到因果之間的連結關係。

身為長達將近三十年的資深家庭照顧者，我其實很明顯地感覺自己內在的心理狀態是低沉內斂的。

因為必須獨立負擔家務、工作與經濟收入，雖然有外籍看護的協助與分擔，我每天還是忙得像陀螺般團團轉。還因此出版了《大人的青春，就該好好揮霍》（悅知文化），分享照顧者如何兼顧家務與工作的時間哲學與管理技能。

表面上的我，看起來充滿熱情，活力十足，積極正向。但是，其實這是我不斷在身心靈領域學習精進，才能把自己從憂傷的深淵谷底中拉出來。最深刻的經驗，是自從家父過世之後，面對至親的離開，也少了照顧媽媽的幫手，內心像破了一個巨大的黑洞。

我與父親的互動，是很心靈知己的那種親密。

童年時，我很會賴床，父親盡辦法叫我起床，卻從來沒有大聲吼叫過，他總是溫柔地抱我，然後輕聲說：「來，一鼓作氣；乖，趕快起來。」

我因為曾經被親戚誤會，不肯跟隨家人去拜訪對方，到了門口還大哭大鬧不肯進去，父親背著我在外面的河堤散步了半個多小時……

在我心中，他一直是很愛我的父親啊！但是這樣的父親，並不是世俗眼中的完美男人。父親年少就離開故鄉，從大陸來台灣，背負著無法和家人聯絡的鄉愁，他的寂寞深沉到只能化為眼神的空洞，沒有言語可以形容。患有重聽的他，工作很不得志。幸虧，他身邊有幾個很要好的朋友，讓他可以偶爾打個小牌。還有，集郵、看書、種花、聽粵劇……幫他或多或少地抒解中年男人的壓力。

等我長大到可以理解這些背景的時候，即使他和妻子之間為了經營家庭與支撐經濟，曾有的摩擦與鬥嘴，一幕一幕的畫面，都可以從灰暗的憂慮，變成滄桑的幸福。然後，在那一瞬之間，我的雙親都已經老去。

有一天晚上，我和他們在客廳看電視，突然發現兩老居然都坐在沙發上睡著了，才發現歲月已經徹底改變我們親子關係的相對位置。家庭的這部車，還在繼續往前開；但是，駕駛員已經換手。而這時候，母親中風臥病，父親接著倒下。

找到已知的和未知的因果關係，才能進行有效的療癒

父親離世前，曾協助我共同照顧生病的母親。我們三個人都身心俱疲，我忘了問他：「你累了吧？」雖然我會在換手照顧的時間，開車送他去朋友

家打牌；我出差時，會想辦法帶點他喜歡的點心回來；我出版新書，都會留幾本讓他送朋友……但事後回想起來，這些都不夠，我應該可以做得更好一點，做得更多一點，不是嗎？

我曾經很愧疚沒有好好照顧父親、沒有留意他的健康、沒有陪他去看更好的醫生、沒有把我對他的抱怨或感謝好好說完。

度過二十幾個祭拜父親的清明節，我以為那些傷心往事都過去了。直到接續遇見生命許多盡力之後未能如願的重大挫折，逼著自己透過學習靈性的課題，循著清理潛意識的過程，找到最癥結的原因，竟然就是自己的內疚，才終於打開那塊遮掩失去父親悲痛的紗布，竟發現裡面的傷口還流著血。

父親過世二十幾年來，它明明都存在，我的意識卻假裝沒有看見它。

在這個自我療癒創傷的過程，我體驗到：唯有願意開放自己，接收靈性的訊息，才能往內心深處，挖掘到「眼前的果」和「未知的因」之間最關鍵的連結，接著進行開啟和療癒的程序。

我知道我至今尚未痊癒，但一天比一天更好。

愛讓彼此重獲自由

連結更高的靈性能量，放下形體的牽絆。

父親過世之後，剩下我和母親相依為命。換我站上照顧者的第一線，少了緩衝區域，開始直接面對母子間的緊張和掙扎。照顧者與被照顧者之間，其實是在互相依賴中，不斷有對立與衝突發生。

母親中風後又罹癌，臥病將近三十年。除了必須要工作的時間之外，我的心力幾乎都花在她身上。外界看待這種不斷就醫看診的生活，一定都會覺得辛苦；坦白說，真實的狀況是百味雜陳，有時甘之如飴，有時痛不欲生。

我年紀很小時就知道，母親是個欠缺安全感的女人。她生長於重男輕女的時代，家裡有十個小孩，男女各半，童年的時光多半時間在二次世界大戰的煙硝中度過，因此個性很容易緊張、操煩、憂慮；而且不只她這樣，我的幾個阿姨都如此。

一般家庭媽媽對孩子的愛，很容易變成控制。例如：媽媽關心孩子幾點回家，等同於溫柔地強制他不能晚歸。而所有的控制，都來自缺乏安全感。

母親中風後，欠缺安全感的性格特質，表現得特別明顯。過去，尚未深入學習靈性的階段，我常受困於她的控制欲，不知道如何拿捏應對的分寸。

究竟是要按照她內在的渴望與需求，改變自己在家庭定位的角色，替換成為她內心想要依賴的長輩，無止境地給她如願以償的安全感；或是應該謹守晚輩的本分，試著培養她心理的獨立性，以免彼此互相羈絆？

理智與情感，不斷拔河。我既希望盡全力安撫她的不安，卻也不願意彼此的界線過度淪陷，而完全失去自己。如何支持對方，但不成為彼此的負累，是非常艱難、而且深奧的學習。

尤其每當想到她高齡超過八十，身體功能已經完全無自主能力，而我還期望她在心理上可以獨立，確實有如緣木求魚。

在無數次情緒衝突，爆發爭吵的經驗中，看到母子各自對彼此，都感到萬分虧欠。我總覺得，自己沒有到完全盡到照顧的責任；而她卻自責於中風與罹癌拖累了我。這樣的關係，並不健康。彼此都想要彌補對方，兩人卻抓著悔恨不放。

在宇宙的大愛中，每一個人都是完美的

為解答內心的困惑，我學過各種溝通的技巧，研讀心理學，還到中國報考心理諮詢證照，上過許多靈性課程……每一種能力的提升，每一次答案的追尋，都在引導自己轉向內心深處覺察，試著探究所有問題的癥結。

當在世俗感到無計可施的時候，我祈禱觀世音菩薩賜予智慧，也召喚高我

提供線索。一次又一次的叩問，連結彼此內在更高的靈性能量，鬆綁形體的牽絆，雙方都能夠重獲前所未有的自由。這不僅療癒了自己，也療癒我和母親的關係。

我知道，唯有放過那個因為自責甚深而覺得不完美的自己，相信自己已經夠好，並且值得被愛，另一個完整的自己才會前來相認。

從此，不可思議的改變發生了，母親漸漸變成比較開朗的人。對我的關心，也減少了控制的成分。從前我離家工作，回到家時她總是苦著一張臉，好像我遲到半輩子似的。如今，她竟會在聽見我鑰匙穿進門孔的那一剎間，以鼓掌的方式笑咪咪地迎接我回來。漸漸地，情況有所改變，她願意在沒有我陪伴的情況下，由看護小姐照顧，去公園和老朋友聚會聊天。

在宇宙的大愛中，每一個人都完美無缺。內心所欠缺的安全感，也只能靠自己給予自己，無法透過向別人渴求而獲得，否則就會變成情緒勒索。在相愛相依的關係裡，唯有各自都具備足夠的安全感，彼此才能溫柔而寬容地相待。

相信自己已經夠好、值得被愛，
另一個完整的自己才會前來相認。

✦來到人世之前，我們已經選擇父母；當然，父母也選擇子女。彼此的靈魂，早在轉世之前，就已經對各自角色的設定達成協議。

✦每一個人、每一件事，之所以來到我們的面前，都是轉世之前設計好的，要考驗我們是否可以超越「小我」的侷限，發揮內在無限的愛與寬恕，讓彼此得到療癒。

✦每一個遭遇，都是之前設定的劇本，在這個情境中，我們會做出什麼樣的決定？肉身的意識是否能夠連結到超意識，洞悉這是鍛鍊靈魂的使命，就成為我們是否可以超越的關鍵。

✦充滿挫折和痛苦的經驗、特別是在不如意的遭遇中，藏著一份包裹在砂紙裡的生命禮物，或許它的包裝並不美好，但其中的智慧卻很寶貴。若是錯過這次的學習，不僅會遺憾終身，甚至還要透過不斷輪迴，重修同一個課題。

✦愈是痛苦的經歷，愈要自己特別留意其中該有的學習，然後得到面對與處理的智慧，甘之如飴。

✦感恩身邊這些人的配合演出。無論他是小人、還是貴人，都是為了要幫助我學習成長，才扮演成那樣的角色出現。

✦當靈魂可以連結「高我」，就會產生不同層次的視野。

✦肉身的意識透過靈魂的安排，面對各種需要做出選擇的情境，如果你學會清理潛意識，讓意識可以連結到超意識，應允「高我」帶領「小我」超越困境，就能在過程中懂得處理創傷，得到智慧。當肉身的意識，不再受困於自己的七情六慾，便能通過這一關的考驗，靈魂也可以晉級。

✦心的傷痕是一枚美麗的勳章，表揚靈魂所通過的鍛鍊。

✦每個人所擁有的，絕對不會只是肉身而已。即使肉身傾圮，靈魂永遠不滅。

✦當你和內在「高我」的對話進行到一定的階段，祂會為你釐清所有問題的真正原因，讓你明白要從中學習到什麼。

✦做靈性的功課，就像所有靠著練習可以出神入化的武功一樣，最重要的是：持之以恆。

✦當我們願意開放自己，接收靈性的訊息，才能找到「眼前的果」和「未知的因」之間的連結關係，接著進行開啟和療癒的程序。

✦愛與寬恕，讓我們連上彼此內心更高的靈性能量，鬆綁形體的牽絆，雙方都能夠重獲前所未有的自由。

04

歸零

當時我帶著小孩子的純真與天真，
愛著身邊的每一件事物，
我根本不了解，
也看不到什麼東西是負面的。

尼爾·唐納·沃許
（Neale Donald Walsch）

行｜前｜導｜覽

當我們學習洞察「連結」的意義，並能夠順利地與最高的自我溝通之後，就讓一切回到自己內在的原點；甚至勇敢地捨下肉身七情六慾的「連結」，重新回歸內在，接受靈性最高自我的指揮。從「小我」上通「高我」；由「神性」指揮「人性」。

這段旅程中，我領受心理學與靈性學各種門派的教導，集結不同觀點對「內在小孩」的詮釋，並且將其融合，用更廣義的方式去解釋「內在小孩」——他不只是母親從懷胎形成生命之初才開始的記憶，而是累世與萬事萬物互動的結果，被埋藏於潛意識中的印象。當我學會停止向外尋找心靈的答案，而是回頭照顧自己的「內在小孩」，甚至懂得如何一起照顧父母的「內在小孩」，才終於與所有的往事和解，找回生命的初衷。

靈魂鍛鍊是一生的功課

愛，是無限的。甘願付出愈多，就會得到愈多！

當雙親的年紀，逐漸進入病老的生命旅程，我開始學習從「被照顧者」轉換成兼任「照顧者」的角色，時時刻刻在「父母」與「子女」的雙重身分之間來回體驗，我必須保持高度的覺知，才能扮演好當下的角色。

陪在父母病床前的子女，既是「照顧者」，同時也是「被照顧者」。即便父母病痛到無法言語，他們還是關心子女——今天吃飽了沒有？明天可能會有哪些遭遇？

雙方若不懂得把握分寸，中年子女會覺得正在經歷老化過程的雙親，好像變成小孩，會鬧情緒、會不講理、會「盧」……也就是俗稱的「老人囝仔性」，可是偏偏又因為豐富的人生經驗而很有主見，讓他們在子女眼中變得動不動就「倚老賣老」，甚至因為病體微恙，情緒不好，而常有意氣之爭。

經過很多次的衝突，我在父母親身上看到自己的身影、也在自己身上看到父母的遺傳。父母和子女之間，一脈相傳的，不只是基因、還有成長環境、生活習慣、飲食作息、行為觀念、語言表達、行為習氣。

其實彼此的潛意識裡，都有一個需要被關心、被照顧、被療癒的「內在小孩」，這也是中年子女陪伴父母共度晚年的階段，最需要學習的功課。我聽到自己的「內在小孩」在召喚，也看到父母的「內在小孩」在揮手。

經過靈性的學習，讓彼此的「內在小孩」可以誠懇地面對、溝通。先了解自己的「內在小孩」，再同理父母的「內在小孩」，最後學會讓自己的「內在小孩」，與父母的「內在小孩」和解。

這些年來的椎心遭遇，包括：父親犧牲他的肉身、母親失去她的健康，教會我深刻地明白：什麼叫做無常；也讓我學會欣然地接納內在的自己，與過去和解。

依靠高度敏銳的覺察，讓靈魂甦醒以獲得巨大的能量

擔任「照顧者」，讓我更加深刻體認：我們都來自宇宙同一處光的本源，透過肉身學習愛與被愛的鍛鍊，消除莫名的恐懼，撫平累世的創傷。

在地球上相遇的兩個人，來到各自轉世前同意規劃好的劇本這一幕，正考驗著彼此會做出什麼樣的抉擇：是向上提升、或向下沉淪？劇本固然是之前設定的，在這裡會如何反應、如何決定，卻是自己當下的選擇。

通常，這也就是「小我」掙扎著要不要臣服於「高我」的時候。

每個人都擁有做出選擇的權力。有人樂於接受生命困境的挑戰，也有人以排斥、拒絕或逃離來應對。出生前計畫所編寫的靈魂腳本，並非用來決定

我們的人生，真正決定的關鍵，在於自己要如何詮釋與回應。在面臨人生選擇時，要問自己：此刻當家作主的，究竟是「小我」、或是「高我」？

每個人都需要依靠高度敏銳的覺察，讓靈魂甦醒以獲得巨大的能量，由最高的神性來引導，做出不同於以往的選擇，才能掙脫充滿自私、防衛、恐懼、貪婪的漩渦，改變為向上超越，提升自我的模式。

當我們相信：愛，是無限的。甘願付出愈多；就會得到愈多。內在的恐懼，就會消失，過去的創傷，就會平復。靈魂透過肉身的經驗，得到足夠的鍛鍊，才能不斷升級，直到發現自己就是愛，而無所畏懼。

與自己和解

及早讓「高我」當家作主，就不會被「小我」牽著鼻子走。

與父母親的關係，從外在親密的互動，發現暗藏衝突的張力，到內在真正的和好，是我人生中一個很大的蛻變。

或許在線性時間的概念中，這段學習的路程，我走了很多年；但是在心理的感受上，彷彿是一瞬之間；正如同很多作為的改變，往往也是一念之間。只不過如何找到最關鍵的那一念，並進而開啟、療癒，就因人而異，各有各的因緣。

有個來自心理學研究的理論：一對相愛的男女躺在床上互相擁抱，這個空間至少親密地擠了六個人——包括：這對男女，以及他們各自的父母。這個理論真正的意思是：每個人都受到父母的教養方式、以及父母提供的生長環境影響甚深。

既然我願意相信「父母是我們自己選擇的」這個說法，就會學著接納這一切，並且幫助自己了悟這一輩子來到人世的責任是什麼，不會把過去遭遇的感情挫折、工作不順遂，甚至健康出問題，都推給父母的基因不好、或對子女教養過程有偏差。

多數人在一帆風順時，未必真心感恩父母；倒是面對人生困境時，對原生家庭常有埋怨。

確實如此。如果我們沒有和最高的神性連結，及早讓「高我」當家作主，就會被「小我」牽著鼻子走。

於是不斷重演童年往事，特別是那些傷心的、不愉快的片段，讓未來的人生成為過去記憶的重播。

重新啟動自己新的人生，不要被過去箝制

當童年的創傷，無可避免地不斷被複製，而重複出現在成年的關係時，我們該如何重新啟動自己新的人生，不要被過去箝制？

在英美享有盛名的資深心理治療師大衛．里秋（David Richo）曾經提到「移情」作用，他說：「我們常不知不覺中，將父母、之前的伴侶、或任一重要人物的模樣套在別人身上，然後重新創造出童年的故事，或是一段最近的感情關係的片段。因此，移情是永恆的故事，試圖讓過去的往事，起死回生。」「因為在移情裡，我們不斷將自身的往事，轉譯到眼前的人際互動當中。我們常將童年的悲傷或期望，不管是已滿足或未滿足的，轉貼到新的人際關係裡。」

以上這兩段見解，摘錄自《與過去和好》（啟示出版），大衛．里秋在這本書裡對「移情」作用，提出很多、而且很深入的解釋與提醒，發人深

省。他認為：「移情是一種潛意識的感覺、態度、期望、認知、反應、信念和判斷的錯置，它們本應屬於我們早期生命中的人物，尤其是父母，而今錯置在我們眼前的人物身上。」

若想要跳脫這個循環，不受移情作用的干擾，和別人友善相處，作者建議用5A提醒自己：關注（Attention）自己的真實狀況、接納（Acceptance）彼此的一切、欣賞（Appreciation）並珍惜對方的價值、適時展現愛與情感（Affection）、以容許（Allowing）代替控制。

這5A的提醒，不僅適用於我們和別人相處，也非常適合用來對待自己心中的「內在小孩」，包括：幼年的成長經驗、父母的對待方式、甚至可以追溯到更久遠的前世記憶，都可以在此化解。

跳脫循環的5A提醒：關注 (Attention)、
接納 (Acceptance)、欣賞 (Appreciation)
情感 (Affection)、容許 (Allowing)

與內在小孩充分合作

啟動「通靈」的管道，讓神性指揮「高我」。

人生中的很多問題，通常都是過去記憶的重播。學會傾聽你的「內在小孩」，大部分的問題都有機會輕易地迎刃而解。

在靈性領域中，所定義的「內在小孩」，和傳統心理學所指的「inner child」略有不同。傳統心理學的「內在小孩」，比較侷限於幼年時期的創傷記憶；而靈性的「內在小孩」則擴及於地球誕生至今，所有生命、礦物、植物體驗的所有記憶。

當你遭遇到人生任何問題，只要願意回到自己內心深處，與「內在小孩」對話，就可以發現眼前重播的是哪一段記憶。例如：每當你遇見一個心儀的對象，就有「將來可能會被他拋棄」的恐懼感；這種莫名的不安，很可能來自你童年或年紀更小時、甚至是前世累積的記憶。

若是你無法洞悉這樣的關聯性，很可能是清理得不夠徹底；或眼前所重播的是很多個前世之前的記憶，今生的你根本無從獲悉。但原因究竟是什麼，並無須介懷。因為最後我們終究要學習，藉由不斷的清理，祈求神性智慧將過去的記憶轉化為「空」的狀態。

運作方式是：從意識下移到潛意識以便進行轉化，經過超意識的檢視，上傳到神性智慧，再將轉化後的能量，從超意識下達到意識。持續不斷的清理，讓深層的內在保留「空」的狀態。

每一個人碰到的所有問題，都是重播之前的童年記憶

有個女性朋友在感情上一直不順遂，不論換幾個男友，總是碰到不負責任的對象。這些男人從長相、身材、職業、血型、星座、在原生家庭的家排行順序都不一樣，但共同的特質就是——她認為他們都「不負責任」。

她聽從我的建議，持續進行清理潛意識，漸漸她找到和「內在小孩」合作的方式，傾聽心底的聲音，終於發現：每一個人碰到的所有問題，都是重播之前的童年記憶。

小時候，她的家境很苦，媽媽又有婆媳問題，導致爸爸常常不回家，她雖然很愛爸爸，爸爸也疼她，但是在「等爸爸下班準時回家」，這件事情上，卻總是期待落空。

姑且不論她的前世還有什麼遭遇，光是這段童年記憶沒有被清理，就足夠讓她在經營自己的感情時，受盡委屈。這也就是進行六分鐘「療癒密碼」

七個動作時複誦的「負面的影像」、「不健康的信念」、「破壞性細胞記憶」、以及因此而造成的「種種生理問題」（請見本書第一三六頁），必須要被找到、開啟、療癒。

每個人的遭遇，都是被自己創造出來的。等心愛的人回家，即使期待落空，卻也讓我們因為熟悉而眷戀那份痛楚，對宇宙發送出低頻的振動，於是吸引更多不負責任的伴侶前來，好讓自己在受苦中繼續感覺生命的存在。

如果只用意識層次學到的兩性關係經營法則，很可能會更要求自己「盡力而為吧！」可能會付出更多努力、想辦法溝通，或要自己忍耐。

一旦你學會清理，並且與「內在小孩」充分合作，可能會得到一個完全不同的解決方式。你會開始清理混亂的「潛意識」，透過敏銳的覺察力，臣服於最高的神性指揮，聽從「高我」的旨意，重新得到的靈感將會是：「放開吧！不要讓自己處於等待的空轉中，你是個很好的人，當然值得對自己更好一點，不要在委屈中過生活。」最後對方反而主動回到你身邊。或是，得到另一個結果：你會遇到一個不需要你苦苦等待他赴約和回家的人。

每個人的遭遇，
都是被自己創造出來的。

放下批判，在成熟中保有天真

在非黑即白的兩個選項中，觀想其他更多不同灰階的可能。

更開闊的靈性自由，來自從不間斷的清理；在達到「空無」的境界之前，放下批判是很重要的起始。

小時候，我是個想法天馬行空的孩童；長大之後，這個特質對我有很大的幫助。許多同學或同事，都曾描述我是一個很有創造力與包容度的人。

環顧日常生活中所有的遭遇，我比較不會急著去判斷什麼是對的、什麼是錯的，對每個人、每件事情，都保持高度的好奇心。於是我的學習和認知，都很寬廣而不受限制。

我曾經被母校政治大學師生票選為「跨領域傑出校友第一名」，師長和學弟妹認為我在學校唸的是企管系，畢業後往多角化的方向發展，在電腦資訊、企管顧問、媒體、唱片、出版上都有些涉獵，因此給我這樣的殊榮。

很感謝政大師長和學弟妹的厚愛，若不是他們很慷慨地給我肯定，我可能會因為太自由自在慣了，而沒有認真看待自己不受世俗限制的特質。

每個人都有多元發展的可能性，所以我不喜歡被貼上特定的標籤，也不刻意對別人貼標籤。

對我來說，擺地攤的小販，很可能是業餘小提琴家，這並不足為奇。像最近這幾年台灣出版市場，出現許多令人驚豔的文學作品，出自很有才華的作家，而他們的職業是魚販、工人、大體接待員……從此可見，每個人的身分背景和專業能力都可以很多元，而且完全不受制於世俗的框架。

有些人會覺得很不可思議——怎麼一個人可以有這麼多樣化的發展，其實只要不自我設限，每個人都潛能無限。

如同大家對「水瓶座」的刻板印象，我的內在確實具備「充滿自由、尊重多元」的特質，只是在後來幾年的經歷中，很容易被逐日增加的主見掩蓋。這必須在經歷很多事件之後，不斷提醒自己，回到最初的內在，放下主觀批判，接納所有的可能。

太快、或太早論斷別人，會窄化自己的觀點，阻礙創造力

身處台灣媒體產業發達，百家爭鳴的環境，不僅專業記者、節目名嘴可以口若懸河地批評時政，連素人都可以透過電視或電台的Call-in暢所欲言。尤其自媒體越來越發達，新的網紅如雨後春筍般不斷冒出，針對時事議論紛紛，形成許多對立的局面。

過去有段時間，我多少也染上這樣的習性，碰到任何人或事，都很快會有主觀的評論。再加上心直口快的個性，有時候下午才說出自以為是的見解，

傍晚就後悔自己不該在未經深思熟慮之前，就妄下斷語。

在與「高我」尚未有高度連結的時候，「小我」常會偷懶地引誘意識以「二元對立」的觀點去選邊站，那往往是最不用思考、也是最容易討好別人的方式。

甚至因為評論別人，而產生對自我的優越感、或安全感、甚至是認同感——小學生或許有過這樣畫地自限的觀念：你跟我一樣討厭他，所以我們是一國的。

直到與靈性相通，才會發現另一個事實：太快、或太早論斷別人，必然會窄化自己看事情的觀點，阻礙自己的創造力。

靈性大師奧修（Osho）曾提醒學員：「當你開始尋找時，你變得全神貫注，變得封閉狹隘；當你不尋找、不追求的時候，你向四面八方、所有向度、對整個存在都是敞開的。」

更何況，批評別人的話，永遠是一支丟擲出去就收不回的迴力鏢，最後還是會還擊在自己身上。

太快論斷別人，
必然會窄化自己看事情的觀點，
阻礙自己的創造力。

學會進入內在深度體驗；而不是急於從表面進行批評

有一對夫妻，很愛批評別人。他們的小孩受父母身教的影響，長大之後人際關係變得很糟，無論小學或中學，幾乎每學期都被老師通知家長去學校懇談，因為孩子在學校很愛批評別人，甚至還會在課堂上直接嗆老師。

我還碰過另一個單親爸爸，有很強烈的「恐同症」，只要在路上看到行為比較耍帥的女孩，都會跟小孩說：「你看，好噁心，她是T婆。」遇見比較會打扮的男生，他就很不屑地指給小孩看：「他是Gay！你不要跟他一樣。」

然而，他的小孩本身就是男同志，不但在外面要掩藏自己的身分，回到家中還要極力控制自己的行為及說話的語調，只有跟同樣是同志的朋友在一起，才會有如釋重負的感覺。

十八歲生日那天，這個小孩決定離家。留下一封信，向爸爸表達懺悔。

其實，孩子本身並沒有錯；而最後悔的人，是這位爸爸。至於他們之間累世的功課是否已經告一段落？並非旁觀者可以論斷。

倘若這位父親可以重新接納孩子是同性戀的事實，即使孩子已經不在身邊，彼此的愛仍會在心中長存。他也可以擴展這份對孩子的愛，去愛更多需要關懷的小孩，以及被這個問題困擾的父母。

在開放思維的靈性成過程中，我們應該學會進入內在深度體驗；而不是急於從表面進行批評。

靈性作家潘蜜拉・克里柏（Pamela Kribbe）說：「評斷和恐懼是最會帶你遠離中心的能量。當你愈來愈放掉這兩種能量，內在就會變得愈寧靜、愈開放。於是你真正進入了另一個世界，另一個意識層面。」

「擺脫二元性的控制需要時間，將黑暗（無意識）層層揭開，是一個漸進的過程。然而一旦走上這條通往內在的自我的路，你就慢慢遠離二元性的遊戲了。當你體驗過『寧靜』的真正意義，轉折就發生了；當你感受過『單純地與自己同在』那寂靜卻無所不在的喜悅之後，就會明白，那是你一直以來尋尋覓覓的東西，你會一次又一次地進入內在，去體驗那種寧靜。」

開放問題的思考，不限制答案對錯，反而可以看見各種可能

我在散文作品《愈成熟，愈天真》（悅知文化）中，試著彙整個人親身經歷真實的成長故事，和讀者分享如何與自己的「內在小孩」溝通。但願我們在成熟的人生階段，依然保有天真。

放下批判、戒除評斷，確實在長大之後變得很不容易，因為「小我」的主觀根深蒂固到幾乎無法搖撼，要在短期內摧毀這樣的意識，真的很不簡單。但至少我們可以讓自己站在二元對立的兩個極端，學習重新審視；在非黑即白的兩個選項中，觀想其他更多不同灰階的可能。暫時不要逼自己做出選擇，開放各種可能，等待「高我」的訊息出現，引導我們做到寬容與接納。

美國哈佛大學教授麥可羅（Thomas K. McCraw）在授課中提醒學員：「仔細觀察和辨認黑與白之間還有哪些色調，才能做出高明的決策。」

「父子騎驢」的故事，許多人都耳熟能詳，哪一種方式才是最好的選擇？

其實並無定論。開放問題的思考，不限制答案對錯，反而可以看見各種可能。當孩子生病沒法走路時，騎在驢身上，是很自然的決定；當父親疲累沒有體力時，驢子可以肩負重任……

如果堅持一定要怎樣做才對、怎樣就一定是錯的，很可能忽略這對父子真正的需求，也貶抑了驢子在當下該有的責任與功能。我常在課堂上與學員分享，這個故事可以有更新的解釋，就是要我們跳脫非黑即白的框架，讓自己的主觀意識歸零，才可以看見更豐富的內在。

批評別人的話，
就像是丟擲出去就收不回的迴力鏢，
最後會還擊在自己身上。

打開自己，才會和光合為一體

偈限自己，猶如把心靈囚禁在黑暗中；唯有開放，才不會侷限在恐懼中。

出社會工作的前十二年，我大部分的經歷都在電腦資訊產業，其中有短暫大約一、兩年的時間轉換跑道到唱片業服務。電腦業和唱片業，在當年看似風馬牛不相及的兩種領域，其實有很多共通之處。尤其，我擔任的是行銷管理的工作，必須很敏銳地觀察市場動向，深入了解消費者的需求，才能持續推出可以滿足所需的產品。

在這些工作的體驗中，我得到一個很深的領悟——開放，是一切發展的基礎。給別人太多限制，往往是因為自信不夠。

以Microsoft Windows作業系統來說，它一開始就採取「開放策略」，容許各家廠商在上面發展各式各樣的應用軟體，才能在很短的時間快速普及。

相對地，回頭看看唱片業的發展，在傳統CD銷售量式微之前，唱片業者受限於過去營業模式，忽略單曲下載計費的趨勢，導致消費習慣改變，如今比較紅的歌手就必須以演唱會收票機制獲利，而不能只靠販售實體CD或線上單曲衝業績。

無論是商業模式，人際關係，要我們割捨既得利益時，剛開始都會有些恐懼，因為大家都習慣原有的狀態。熟悉，營造出一種安全的幻相；改變，反而會有莫名的恐懼。

愈是願意割捨過去；就愈有智慧走向未來

網路上流傳一則寓意甚深的小故事：住家旁邊有一家餐廳，你明知廚房和桌上都是蟑螂、老鼠，食物既不可口、用料也不衛生，卻還是天天光顧，為什麼？難道就是因為它離你比較近，你比較習慣去這家餐廳？

這家餐廳所引喻的，可能就是你天天掛在嘴邊抱怨的一份工作、或一段感情，你之所以沒有離開，是因為害怕自己走出餐廳之後，就找不到別家可以吃飯的地方，然後就餓死了。

讀到這裡，你應該看出來，這只是一個幻相。你只要有決心走出去，絕對不會餓死。

除了留在那裡繼續吃不衛生不可口的飯菜；你可以選擇幫助店家改善餐飲。但你最後沒有那樣做，因為你害怕自己白費力氣而蒙受損失。

此刻的你，其實是被心中的「小我」誤導。

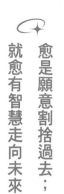

小我主張：「這關你什麼事呢？」「等他生意變好，就沒有你坐在這裡吃飯的位置了。」

於是你繼續佔在你並不喜歡的位置上，繼續抱怨，繼續浪費你的人生……總有一天，你會感到遺憾。

其實我們不必害怕失去、不要嫉妒羨慕、也不必惡性競爭。因為愛、金錢、資源，都是取之不盡、用之不竭的。你愈是願意割捨過去；就愈有智慧走向未來。你愈是願意分享出去；就愈有容量裝進愈多。你愈願意改變目前的狀態；就愈會獲得更多的可能。

侷限自己，猶如把心靈囚禁在黑暗中；打開自己，才會和光合為一體。要主動升起靈性的天線，你才能與來自宇宙的訊息建立暢通的連結。

你愈是願意分享出去；
就愈有容量裝進愈多。

末日新生的關鍵是改變

與其不斷地抱怨環境惡劣，不如從改變自己開始！

有一段時間關於「末日預言」甚囂塵上，眾說紛紜。我採信的是比較客觀中立的說法：這是宇宙磁場面臨巨大整頓的關鍵時刻，一個全新的紀元正在展開，全新的文明正在誕生，表面上沒有什麼東西被毀滅，實際上有很多靈魂等待重生。

若是因為苟且怠惰，因循舊制，執著於過去的成功或失敗，沒有做出具體的改變，就無法在已經被汙染的環境中淨化身心，導致陷入無止境的痛苦，以不斷輪迴的方式繼續向下沉淪。

改變，促使人們必須面對未知，這正是進入另一段平靜喜悅之前，必須付出的行動。就像原來搭乘的列車，已經無法帶我們走向靈性要去的地方，唯有立刻下車轉換月台，改搭另一班列車，才能朝向新的方向前進。

有些人不願意改變，當他面對不滿意的狀況，會停留在原地不斷抱怨，並且希望別人做出改變；他覺得自己沒事，也不需要改變，真正需要改變的總是別人。如果繼續保持這樣的想法，不但他的命運不會改變，而且會因為別人也沒有改變，而加速集體的惡化。

我曾經在搭乘高鐵的通道碰到一位大伯，他很熱血地出手攔截，並且主動讚賞：「吳先生，您是很高雅的人士。」本來以為是特別支持我的讀者，要求簽名或拍照，後來發現他有很多話要說，在短短幾分鐘，展現「路見不平，主持正義」的氣概。

雖是不期而遇，卻讓我覺得他有備而來。我推測他應該是平常非常關注社會上不公不義的事，對一些政策和公權力的執行面，特別有感觸。他覺得生活中存在很多惡勢力，而且大家都不守法，還提到「台灣應該多幾個有正義感的人士坐上高位！」，從這句話就不難看出他的價值主張。

若不滿意現狀，最需要做的是：停止抱怨，做出良善的改變

比較尷尬的是，他發表申論告一段落之後，還追著問：「你的意見呢？」措手不及的我，好像臨時被老師隨堂抽考，自認能力不足，只好很禮貌地回應：「我們只要從自己做起就好。與其不斷抱怨環境惡劣，不如從改變自己開始！」畢竟這個社會是由很多個人所組成，若要翻轉集體意識，還是從個人的改變開始。

靈性作家尼爾．唐納．沃許（Neale Donald Walsch），曾分享一則既有趣、又值得深思的小故事。有個自稱為新時代的熱狗小販，兜售美味的熱狗，定價美金七元七角七分，幾乎每個顧客都沒有準備零錢，於是遞給他十

元或五元紙鈔，他拿著錢就會轉頭踩著餐車離開，留下顧客在原地大喊：「喂！你還沒找回零錢（Change）！」

刻意要提醒顧客必須做出改變的小販，利用英文字義的隱喻，一語雙關地回答：「改變（Change）！必須來自內在。」

我不知道，這位跟我抱怨對諸事不爽的大伯，是否聽過這則小故事。令我驚訝與遺憾的是，高鐵列車到站的時候，我眼看著本來持著「自由座」車票的他，看見「自由座」車廂人很多，一時之間沒有選到他比較偏愛的座位，就自動漫遊到對號座，找個暫時沒人坐的空位就佔據坐下，而他並沒有跟站務人員報備，也沒有補票價的差額。

很多不公不義的事，不就是從這樣的小事開始的？如果每個人都抱怨社會風氣太壞，也不差我這點小惡劣，就很難翻轉局勢。相對地，只要我們停止抱怨，願意盡一己之力去做出良善的改變，或許無法一蹴可幾，但至少美好的希望就已經掌握在手中。

改變，令人去直面未知，
這正是進入另一段平靜喜悅之前，
必須付出的行動。

對自己的遭遇負全部責任

承認眼前發生的一切都跟我有關，必須要負起全部的責任。

碰到不如意的時候，若不從自身做起，而是期待對方改變，就等於是你將扭轉局勢最關鍵的鑰匙交付在別人手上。反之，無論對方態度如何、情況有多麼糟糕，只要願意讓自己負起全部的責任，就有機會改變眼前的一切。

正如同修・藍博士（Hew Len, PhD.）所說：「清理，要從承認自己負有百分之百的責任開始。」只要是你所面對的任何一個問題，都無法置身事外。例如，當你看到有人在你面前哭泣，就要認定你必須為此刻自己的遭遇與感受負責，很可能是你內在某一個部分記憶的重播，提醒你該進行清理。

沒有接觸過靈性學習的讀者，很容易心生恐懼地排斥，心中升起「關我什麼事」的疑惑，甚至想到一些後續的麻煩，就希望能推就推。另一種人很願意負責，卻又過度自責。

負責和自責，最大的差別在於：負責，讓我們得到改變局勢的力量；自責，卻只是在懊惱後悔中貶抑自己。因此要提醒自己：負責，而不自責！這才是真正愛自己的表現。

要知道：你是在對自己的遭遇與感受負責，不是負責對方的情緒或損失。你必須先接受這個概念，之後才能轉化自己，帶動整個世界一起改變。

我常接到讀者或聽眾的抱怨，基本句型就是：因為○○○，所以我才□□□。例如：「因為老公不顧家，所以我才活得很辛苦。」「因為主管不願意採納建言，所以我才會覺得很不得志。」受困於這些問題的人們，看似想要尋求解決事情的方法，但心裡都有預備好的OS：「只要老公願意改變，我就不會活得很辛苦。」「只要主管願意改變，我就不會懷才不遇。」

然而，真的是這樣嗎？

如果你願意主動改變自己呢？如果你終於體認到：這是必須對自己負責的時刻，而願意開始持續地進行清理呢？我相信，只要清理的時間夠長久、改變的幅度夠巨大，就有機會影響對方，讓他也願意跟你一樣做出改變。

若是自己不改變，永遠無法奢求對方改變。

願意主動負責改變，就會和宇宙的高頻共振

轉眼之間，我主持廣播節目的資歷已經超過二十年，對每集節目一定會做足充分的事前的準備工作，不過還是有踢到鐵板的時候。

有一陣子，我常碰到很容易緊張的來賓，事先溝通題綱時，對方都講得頭頭是道，上了現場卻支支吾吾，整集節目做起來就是零零落落，讓追求專業表現的我十分懊惱。

某天我跟好友聊天，無意間談到這個情況，他脫口而出說：「你不覺得這都是你的責任嗎？」他沒有學習相關靈性的功課，不會說出類似「這就是你前世記憶的重播」這些道理，而是接著淡淡一句話，重重地敲醒我：「你不覺得就是你太認真了，才會令對方加倍地感到很緊張嗎？」

是的，這一切都是我的責任——這是我很深刻的體會！承認眼前發生的一切都跟我有關，必須要對自己負起全部的責任。唯有心甘情願地接納所有的發生，才能拿回生命的主導權。

一般常聽說「吸引力法則」最基本的理論是：人的心就像一塊巨大的磁鐵，我們所遭遇的一切，都是被自己吸引而來的。但它真正的原理，並非字面上的「吸引」，而是更關鍵的「頻率」共振。

之所以會發生你不想要的事情，其實是被自己「不要」的念頭吸引而來的。因為你心中出現負面的念頭，就會和負面的事物產生共振的頻率，把它們吸引到你的眼前。如果你希望對現況做出改變，也渴望「美夢成真」，就必須對自己所有的遭遇負起百分之百的責任。

唯有心甘情願地接納所有的發生，
才能拿回生命的主導權。

✦愛，是無限的。甘願付出愈多，就會得到愈多。內在的恐懼，就會消失，過去的創傷，就會平復。靈魂透過肉身的經驗，得到足夠的鍛鍊，才能獲得真正的自由。

✦願意相信「父母是我們自己選擇的」這個說法，就會學著接納這一切，並且幫助自己了悟自己的責任在哪裡，不會把這一生遭遇的感情挫折、工作不順遂，甚至健康出問題，都推給父母的基因不好、或對子女教養過程有偏差。

✦多數人在一帆風順時，未必真心感恩父母；倒是面對人生困境時，對原生家庭常有埋怨。

✦如果我們沒有和最高的神性連結，及早讓「高我」當家作主，就會被「小我」牽著鼻子走。於是，不斷重演童年往事，特別是那些傷心的、不愉快的片段，讓未來的人生成為過去記憶的重播。

✦在開放思維的靈性成長過程中，我們應該學會進入內在深度體驗，而不是從表面進行批評。

✦跳脫非黑即白的框框，讓自己的主觀意識歸零，才可以看見更豐富的內在。

✦我們不必害怕失去、不要嫉妒羨慕、也不必惡性競爭。因為，愛、金錢、資源，都是取之不盡、用之不竭的。你愈是願意割捨過去；就愈有智慧走向未來。你愈是願意分享出去；就愈有容量裝進愈多。你愈願意改變目前的狀態；就愈會獲得更多的可能。

✦只要我們停止抱怨，願意盡一己之力去做出良善的改變，或許無法一蹴可幾，但至少美好的希望就已經掌握在手中。

✦碰到不如意的時候，若不從自身做起，而是期待對方改變，就等於是你將扭轉局勢最關鍵的鑰匙交付在別人手上。反之，無論對方態度如何、情況有多麼糟糕，只要願意讓自己負起全部的責任，就有機會改變眼前的一切。

✦之所以會發生你不想要的事情，其實也是被自己「不要」的念頭吸引而來的。因為你的心中出現負面的念頭，就和負面的事物產生共振的頻率，把它們吸引到你的眼前。

✦負責和自責，最大的差別在於：負責，讓我們在檢討反省中找到避免重蹈覆轍，而且可以繼續向前走出新的道路。自責，卻只是在懊惱後悔中貶抑了自己的能力，而且會停留於過去，無法再向前進。負責，而不自責！在學習靈性成長時，這也是愛自己的一種表現。

05

真愛

唯有愛，能夠驅除罪咎與恐懼，
就如同光明能夠驅散黑暗一樣。
從恐懼轉向愛，就是奇蹟。

瑪莉安・威廉森
（Marianne Williamson）

行｜前｜導｜覽

愛自己！但如何真正愛自己，而且不傷害到別人、也不被對方傷害？當「愛自己」被普遍誤用，扭曲愛的真諦，而且讓「愛自己」變為陳腔濫調、或油腔滑調的時候，我們應該慎重地還原愛的真相，讓相愛的人，彼此寬恕，相互療癒。

這段旅程中，我重新檢視過去對「愛」的知見，溫故知新後有很多新的領悟。愛，是無條件的付出；愛，不必向外追求；愛，是把自己和對方都放在心上。當你沒有匱乏的感覺，愛就會自動找到你。先照顧好自己的「內在小孩」，進而療癒自己和原生家庭父母的關係，才是迎接幸福伴侶最重要的關鍵。不要一味地擔心自己遇人不淑，會碰到錯的人。只要把自己調整在正確的頻道上，就會明白：此生遇到的每個對象，都帶著療癒彼此的使命前來。

每個人與生俱來豐盈的愛

愛，是生命的本質；是與生俱來的天賦。

每個人都渴望愛與被愛。但也常常聽到有人感嘆：「沒有在對的時間、對的地點，碰到對的人！」

實情真的如印象中的這樣嗎？

會不會這世界上其實只有「真愛」，而沒有「錯愛」；之所以尚未遇見對的人，是因為有很多對於愛的期待與態度，需要重新調整。

只要你願意持續進行更深度的「清理」，讓內在的靈性回歸「空無」的狀態，就能感受真愛，並且遇到對的人。

已經出版超過一百二十部作品，其中接近三分之一的主題，直接或間接與「愛」有關。我常被問到：「愛是什麼？」

愛，是什麼？愛就是愛啊！如同我幾部作品的書名：《愛，是一生的功課！》《愛情，最幸福的信仰》《莫忘愛的初衷》，大約可以了解我對愛的信念，認為：愛是可以透過學習而成長，愛是當自己越堅定就越強大的。隨著歲月增長，人生閱歷增加，從靈性的角度來看待，更謙卑地發現：愛是生命的本質；也是與生俱來的天賦。

在《其實，你不是你以為的自己》（悅知文化）書中序文篇名，我提到：「愛，是最高的修行。」並在最後一篇文章，與讀者分享：「要相信自己是被愛的。」只要願意把心敞開，就能接收全宇宙豐盈的愛。

大多數的人，感覺自己沒有被好好地對待，或未如自己預期地被愛，所以感覺不到愛，或永無止境地渴求愛，甚至用情緒向最親密的伴侶勒索愛。這是一種比較辛苦的循環，讓重拾愛的歷程增添許多波折。

愛，會愈給愈多；願意慷慨付出，也享受愛的滿足

一旦認為自己匱乏被愛的感覺，就會因為恐懼和不安而用盡各種方式向別人「討愛」，最後往往淪為「討債」。

其實愛一直都充滿在每一個人的生命中，差別在於你有沒有把自己的心完全打開而已。有些人儲存愛的藏寶箱，自始至終都是完全敞開的，他或許並不自覺，但必定會感受到一個事實：愛，會愈給愈多！於是，願意慷慨付出，同時也享受愛的滿足。

另一種截然不同的人，是很怕愛被奪走，於是把裝滿愛的藏寶箱埋藏起來，有一天連他自己都忘記，曾經有過一口箱子，裡面裝滿了愛。

介於兩者之間的，還有另一種人——他總是覺得自己的愛不夠多，於是小心翼翼地把愛收藏在一口破舊的皮箱裡，將自己打扮成乞丐的樣子，然後再費盡九牛二虎之力，把破舊的皮箱拖到街角，整個人癱坐在皮箱上，向路過

的行人乞討愛。

為了積極向路人討愛，他努力討好別人，屢屢委屈自己。懷著「討愛」的目的，讓他的哭看起來是假的，使他的笑感覺上是裝的。因此，他變得很不開心，路人也未必真正會同情。他那充滿悲怨的表情，當下讓「討愛」變成「討債」！

如果有人投擲幾個銅板給他，剛開始他會有些感謝，但不久之後就會覺得對方小器，私下抱怨：「為什麼只給我這麼一點點？」

於是，他漸漸懂得使出渾身解數裝可憐，企圖乞討更多的愛。經過的路人若給得少，他便埋怨自己遇人不淑；碰到願意施捨大鈔的善心人士，他在覺得對方是個好人的同時，也貶抑自己的價值——認為自己一定很可憐，才會獲得對方的同情。

如何能感受真愛？
持續進行深度的「清理」，
讓內在的靈性回歸「空無」的狀態。

必須要願意往內心深處覺察，才會重新找回愛的自信

過了很久很久以後，倘若運氣好的話，有一天他碰到懂得珍惜、也願意付出的人，告訴他一個很幸運、也很殘酷的事實：「你座位下那個看似破舊的皮箱，裡頭盡是寶藏呀！」

他居然因為裝窮裝得太久，而忘記自己本來是富有的人，還驚呼：「怎麼可能!?」直到他動手打開那只破舊的皮箱，才重新找回豐盈的感覺，發現自己本來就擁有很多的愛。

上述舉例中，他所碰到的好心路人，很可能是一段感情的對象；但也有另一個可能：其實就是一個透過靈性學習而覺悟的自己。

每個人與生俱來豐盈的愛。可惜的是，在成長過程中會碰到不如預期的對待，因此而遮蔽自己擁有很多愛的事實。必須要願意往內心深處覺察，才會重新找回愛的自信，願意給予、願意分享。最後，將會獲得更多的愛。

學習靈性成長的課題，開啟內在的旅程，將帶領自己往心靈深處，去看到豐盈的愛。像剝洋蔥一般，層層看見愛的本質，即使過程中會流淚，也是充滿喜悅。

最後，終將發現：自己，就是愛。

必須要願意往內心深處覺察，
才會重新找回愛的自信。

用愛修復自己

這世界上並沒有所謂「錯的人」，而是自己的心態需要改變。

或許，「愛，是什麼？」這樣的問題，確實無法用三言兩語回答；或許，這個問題的答案，就是如此簡單：「愛，就是愛啊！」但是當一個人歷練過「見山是山」、「見山不是山」、「見山又是山」的三種不同的階段，或許會有機會找到癥結：原來，讓我們無法打開內心給出豐盈的愛，最大的問題並非怨恨、也不是冷漠，而是恐懼。因為我們害怕受到傷害、更害怕得到之後又再失去。

愛的反面，不是恨、不是冷漠，而是恐懼。愛是光明；恐懼是黑暗。當你感覺到缺乏愛，其實只是一時黑暗的幻相。你可以走回心底的地下儲藏室，搬出那只塵封已久的皮箱，鼓起勇氣打開它，就會發現裡面充滿愛。能戰勝恐懼的，唯有愛。如同只有光明可以照亮黑暗，讓黑暗隱退。

如果你一心想找到「對的人」，正好反映出你內心很恐懼，怕會再度碰到「錯的人」，很可能是過去那些來自你聽說、或你自身經歷「遇人不淑」的經驗，讓你關起愛的大門。

用匱乏的心態去尋找真愛，就像明明是個富翁，卻刻意將自己打扮成乞丐，把所有珠寶、黃金和家當，打包在破舊的皮箱裡，然後故意裝作很可憐的樣子，向路人乞討愛。從現在開始，你要認清現實：用這種方式得到真愛的機會，微乎其微。

這世界上並沒有所謂「錯的人」，而是自己的心態需要改變。在感情路上，每個你所遇見的人，都帶著修復的使命而來。如果，你心中的愛完好無缺，他就會幫助你讓你常保如新，而且愈愛愈多。倘若，你心中的愛，已經千瘡百孔，他會陪你療癒。只不過，療癒的過程會有短暫的痛苦，甚至療癒的配方會以傷害的方式呈現，很可能是因為你之前設定的程式，就是要「以毒攻毒」，整個療程很長，或許不斷循環，而且令你痛不欲生。直到你有足夠的覺知，並且停止埋怨和指責，終於明白這是修復的過程，療癒的效果真正地才會出現。到了這個階段，你會真心感謝傷害你的人。時候到了他就會離開，因為他的使命已經完成。

愛是豐盈，是一隻唱完歌，就飛走的小鳥

我讀完印度大師奧修（Osho）的作品《愛》（麥田出版）中，試著歸納出有關愛的三個觀點：

1. 愛是一種自然現象。不要去尋找完美的伴侶，否則你會不快樂。愛像呼吸一樣自然，你不會說如果沒有清新的空氣，就不肯呼吸。所

以也不應該說，他不是足夠好的人，所以你不肯去愛。愛跟另一個人無關，一個充滿愛的人，就會單純地只是去愛。

2. 不要追求完美，否則心中不會有愛的流動。那些追求完美的人，非常沒有愛心，是神經質的人。如果有人愛你，要心存感恩，但不要有任何要求——因為對方沒有義務要愛你。

3. 與其想要如何得到愛，不如開始給予。如果你給予，就會獲得。但是，愛不是交易，所以停止這種買賣行為，否則你會錯失你的生命、錯過你的愛，以及在愛中所有的美。一隻小鳥來了，停在你門前唱歌，牠不會要你給牠證書或讚美，牠唱完歌，就高興地飛走了，不留下任何痕跡。愛就是如此成長的。給予，但不要等著看你會得到多少。沒錯，它會千倍回饋給你，但它是自然發生的。

每當我在筆記本裡，瀏覽自己從書上摘錄下來的這三段文字，就感覺自己內在的愛變得更豐富、也更輕盈。

愛，是豐盈。我願學做一隻唱完歌，就飛走的小鳥。

愛是光明，恐懼是黑暗。

傾聽「內在小孩」的哭泣

學會面對過去，與痛苦共處，寬恕之心才有機會油然而生。

有一首很經典的華語流行歌曲，歌名〈我是一隻小小鳥〉，原唱是搖滾歌手趙傳，當年因為這首歌很符合他的形象，深具勵志色彩而紅遍全球。多年後，歌手丁噹重新翻唱，讓歌曲中的感動跨越不同世代，穿透很多想要愈飛愈高的心。

有時候我覺得自己像一隻小小鳥，

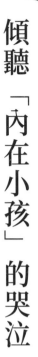

想要飛，卻怎麼樣也飛不高，
也許有一天我棲上了枝頭，卻成為獵人的目標，
我飛上了青天，才發現自己從此無依無靠。

每次到了夜深人靜的時候，我總是睡不著，
我懷疑是不是只有我的明天沒有變得更好，
未來會怎樣究竟有誰會知道，
幸福是否只是一種傳說，我永遠都找不到？

（詞曲：李宗盛）

這首歌旋律十分動聽，歌詞中流露一個人在孤單時，對於心靈能量的渴望，會引領聽歌的人碰觸自己心中那個受過傷的「內在小孩」，並溫柔地給予安慰。

最深的傷痕，往往來自最親近的人，他們對自己造成的傷害無能為力

每個人都渴望愛，都希望豐富輕盈得像奧修（Osho）在《愛》（麥田出版）中描述的那隻小鳥，沒有特定的目的、也沒有具體的期待，只是單純地站在枝頭唱首歌之後，就翩然離開。

也唯有能夠修練到這個程度，我們也才能夠切換角色，成為那個聽小鳥唱歌的人，可以在相會時專注欣賞幸福的鳴唱，分開時沒有牽掛。

如果心中那個受傷的「內在小孩」，沒有被療癒，就如同小鳥的翅膀在成長過程中折翼，只能仰望幸福的天際，傷心地伸出手想要擁抱幸福，卻彷彿隔著遙不可及的距離。依稀聽到歲月的長廊中，傳來他仍不斷地哭泣的聲音。

理智上，自己以為經過那麼多年的努力，一切沒事了；卻在試圖振翅高飛迎向幸福的片刻，逼出痛苦酸楚的眼淚，才知道那些傷口還沒有痊癒。

最深的傷痕，往往來自最親近的人。對方未必真的要傷害你；只不過，在

那個生命的現場，他們也無能為力。

最常見的是，來自父母親的無心之過。舉例來說：如果媽媽被家族期待生男孩，在產檢時聽到醫生判定是女嬰，她明明很愛腹中的孩子，卻在心中浮現一絲「唉，如果你是男孩就好了！」的幽怨，這個還在母胎尚未出生的小孩，已經受到無心的傷害。

等到小女孩出生、長大成人，即使爸媽都刻意表現很愛她的樣子，她還是會敏感地認為自己並沒有真正百分之百的被愛。在自我認同，以及感情相處上，都會出現很多辛酸的經歷。因為她的傷心記憶沒有被療癒，就會製造出更多不被愛的幻相，繼續出現在她的人生裡，以重複發生的事件，播放潛意識的畫面，無限循環地複製過往的體驗。

以上這個案例，是來自我多年來所開設的「靈性成長班」系列課程，某個學生提供的真實故事，卻也是我觀察很多女性的生命原型。

有些個案的遭遇甚至更悲慘。例如：有位女性朋友小時候父母離異，明明不關她的事，她卻認為都是自己惹的禍；長大後的她，不斷對別人付出，

相會時專注欣賞幸福的鳴唱，
分開時沒有牽掛。

想要彌補這個錯誤，但不管怎麼做，都覺得自己做得不夠好，貶抑自己是個很失敗的人，連續好幾段戀愛都不順利。

先傾聽「內在小孩」悲傷的哭泣；才能真正欣賞生命之鳥吟唱的幸福

有另一件個案，幼年時聽過爸爸說：「妳再不聽話；我就把妳丟掉！」從此有很強烈的被遺棄感，對感情充滿懷疑和不安。每次談戀愛，她自己壓力都很大，男方也被逼得喘不過氣來。

還有一個女性，曾經在國小時被鄰居阿伯用手指性侵，她小心翼翼隱瞞這個秘密，到三十三歲才有勇氣說出真相，當場哭著回溯悲慘的經驗，很多朋友陪她一起掉淚，彼此分享更多私密的心情。揭開了隱藏很久的傷痕；在此得到部分的療癒。就像之前掀起「#Me Too」社會運動，勇敢揭露過去的痛楚之後，還是需要有適合的管道與方法進行更深度的療癒，才能重建自信。

透過靈性的學習，得以回溯童年的悲傷事件，重新給長大的自己，另一份覺察的勇氣。我們知道去體會父母的無心之過，或勇敢去面對外人該遭天譴的錯，這很不容易做到，卻是很重要的開始。

否則，即使我們已經理智到把這些痛苦都深深地壓抑、埋葬在很深層的潛意識裡。甚至已經成熟到可以很理智地安慰自己說：「都過去了！爸媽當時也很可憐，他們沒有能力處理好自己的情緒，才會那樣對待你。」但是，那些陰影還在心底；直到驀然回首聽見內在小孩的哭泣，才知道有許多傷痕尚未療癒。

我常在靈性成長課程中，分享這個道理：要先傾聽「內在小孩」悲傷的哭泣；才能真正欣賞生命之鳥吟唱的幸福。否則，無論聽到多麼悅耳的聲音，只會感受到悲涼。

我們總要先學會面對並接納過去，與痛苦共處之後轉化能量，寬恕之心才有機會油然而生。當我們呼天喊地哀苦悲鳴的時候，其實只是一心企圖逃離痛苦，並無助於真正地療癒自己。

學會面對過去，與痛苦共處，
寬恕之心才有機會油然而生。

寬恕父母，才能真正療癒自己

拋開誰對誰錯的批判，放下內心的執著，找到原諒對方的台階。

原生家庭，對每個人的影響至為深遠。所有人際溝通和情感維繫的挫折，都與我們和父母的關係有著密不可分的牽連。

生命中大部分的人際關係，都是在複製我們孩童時代與父母之間的互動與感受。如果孩子與父母關係有所缺損，往後的人生會持續重現這份匱乏感。反之，和父母關係圓融的人，成長後的人際關係裡，就會比較常出現肯定、感恩與讚美。

而且很奧妙的是，如果你小時候曾經憎惡父親或母親權威、武斷的特質，長大成人後，也會常常碰到具有相同權威特質的人，帶給你被掌控的痛苦感受，讓你心生恐懼與憤怒。例如：你的主管、同事、或戀愛的對象。

另外很常見，也值得留意的是，有時候你小時候越討厭父母的某些樣子，長大後的你，居然一不小心就讓自己活成了當初所討厭的大人。有些長年處於家庭暴力中的孩子，長大後也成了情緒控制不好就會施暴的人。

無論你小時候喜歡、或你所憎恨父母的那些特質，長大之後你很可能就會成為你所愛的樣子、或是顯化你所憎恨的特質。

換句話說，如果你很愛父親，就很可能會變得跟他很像；假使你不喜歡、甚至害怕父親，你也可能會變得跟他一樣。

父母是我們最初的原型，也是「內在小孩」受傷經驗中最早、也最深的來源。如果沒有學習療癒，永遠都無法擺脫這些傷害的陰影。

《愛的奇蹟課程》（橡實文化）作者瑪莉安．威廉森（Marianne Williamson）認為：「每一個覺醒的人，都要經過寬恕自己父母的那一關。」「如果你是一位對母親有怨的男性，將很難不把罪咎投射在其他女性身上；如果你是女性，那麼在成為女人的過程中，妳將難逃自我譴責的戲碼。」

拋開誰對誰錯的批判，就可以比較容易放下內心的執著

要先學會寬恕父母；才能療癒自己「不被愛」的感覺。然而，要學會寬恕父母，並不是一件容易的事。有兩種截然不同的原因，讓我們卡在這裡。

第一種原因是：從小就感受到父母給的愛不夠多。父母本身能力不夠，無法付出足夠的愛；或是在教養過程中有所偏心，而傷害到子女。這種類型的小孩，內心百般糾結，即使理智上想要原諒父母，情緒上卻很難放下。

第二種原因是：知道自己被愛得不夠，但是並不覺得父母有錯。有時候是因為當時年紀太小，對父母不當管教的作為已經沒有任何印象。有時候是因

為基於「天下無不是的父母」的傳統觀念，不願意去苛責父母。有時候是個性太過於壓抑，完全不願意去碰觸這個問題。

無論是哪一種原因，造成我們在學習原諒父母時碰到障礙；但是，只要回到一個最基本的觀念，就可以解套，即是：父母，是我們自己所選擇的。在轉世來到地球之前，雙方已經設定好這樣的劇本。是自己決定要出生於這個家庭，以便於和這對父母學習靈性的功課。父母並沒有犯什麼錯，他們只是如實地照著當初彼此協議好的劇情，恰如其分地演出。你，也是一樣。

只要願意拋開誰對誰錯的批判，就可以比較容易放下內心的執著，找到原諒對方的台階，讓自己了無遺憾地走下來。

原諒父母的基本觀念：
父母，是我自己所選擇的。

給「內在小孩」更多的愛

懂得愛自己之前，先學會愛自己的「內在小孩」。

如果一心尋找真愛，但始終失之交臂，時間久了、次數多了，難免會有疑惑：難道真愛難尋？或自己已經失去愛的能力？

無論是在感情生活的哪個階段，碰到任何不如人意的挫折或傷心，包括：談戀愛之前的一般友誼遭遇背叛、開始認定對方是正式交往的對象後來卻分手、決定彼此願意成為共度一生的伴侶竟無法白頭、或是勉強繼續在一起但彼此都很不快樂……

以上這些對愛的疑惑，與對愛的匱乏，都會顯化成為感情的困境，一再反映出一個人內在對於愛的渴望，這正是寬恕與療癒的契機。

徹底解決這些問題的關鍵，就是回到內心深處，依照下列建議的三個步驟去做：寬恕父母→原諒自己→撫慰內心小孩。我們必須能夠和「內在小孩」一起面對以前痛苦，才能釋放過去的憂傷。唯有按部就班完成療癒，真愛的拼圖才會完整地重現在生命之中，不再用匱乏愛的心，去祈求殘缺的愛。

大衛．里秋（David Richo）在《回歸真我》（啟示出版）書中提到：「寬恕我們的父母。這種自發性的惻隱之心是最好的信號，用來化解我們的感覺。只有在憤怒和傷心都被充分表達、宣洩後，真正的寬恕才可能發生。」

他還在書中建議讀者，說出或寫出以下的六種自我肯定。

1. 在父母無法保護我時，我感到傷心又憤怒。
2. 我因而開始學習保護自己，對此我充滿感謝。
3. 想像自己在童年時，成功地為自己說話。
4. 我原諒我的父母當時未能保護我。

5. 我現在不再期待別人應該要保護我（但他們這樣做的時候，我還是很感激）。

6. 現在的我可以全力並有效地保護自己。

以上這六種描述方式，無論是用說的、或是用寫的，都非常有助於和自己的「內在小孩」溝通。不要擔心他聽不懂、或覺得你想太多。其實，「內在小孩」已經等我們很久了，成長過程中每多累積一點傷痕，他就多蒐集一些痛楚，等待身體的主人透過靈性的長廊，回頭去跟他對話，透過溝通解開心結，然後釋懷地放下。

寫信給自己，是很好的自我療癒方式；透過書寫，與內在小孩深度對話

懂得愛自己之前，請你先學會愛自己的「內在小孩」。必須要先知道如何對自己的「內在小孩」表達關愛，所有的愛才能夠穿越意識的表層，進一步

深入潛意識，真正地打開讓愛暢通的管道，再往上接通超意識，獲得神性的指引。

最近這幾年，透過很多諮商心理師的論述，民眾對心理學中的「內在小孩」有些概括的認識。他們所根據的是心理學家卡爾．榮格（Carl Jung），於一九四〇年提出的「內在小孩（Inner Child）」理論：即使已經長大成人，外型和思維漸漸成熟，但潛意識裡仍住著一個小孩，也可以說是童年時光的記憶和感受的匯總，會不斷影響我們的情緒和行為。

「內在小孩」既能喚起你美好幸福的童年遭遇，也會讓留在心中的恐懼和創傷，甚至複製這些經驗的感受，成為新的事件，在往後的人生不斷出現。

靈性學討論的「內在小孩」，比心理學的範疇再深廣一點，包括靈魂在前世的遭遇，以及累世所堆疊的業力。

透過書寫，我找到療癒自己「內在小孩」的方式，把他從孤單的童年中拯救出來，給自己最溫暖的擁抱。我的作品《愈成熟，愈天真：與自己的內在小孩重逢》（悅知文化）是一本可以參考的書寫範例，它帶給我人生很大

> 靈性學對「內在小孩」的定義：
> 靈魂在前世的遭遇，以及累世所堆疊的業力。

的蛻變。說來慚愧，一直到寫完這本書，我才能對所有的往事釋懷，真正看見當年那個傷痕累累的小孩，因為找回安全感，而重新獲得愛與支持。

台灣《商業周刊》曾經策劃一次專題報導〈寫信給十七歲的自己〉，邀請很多已經身處熟齡階段的名人，以書信的方式回頭探訪青少年時期的自己。知名心理醫生王浩威在接受採訪時，很難得地回顧他的成長背景，從童年、青少年、延伸到二十五歲、以及中年以後的心境轉變。

他透過「理解，就是和解」的過程，找到最關鍵的問題。他說：「因為我對父母期待那麼高，所以對自己也有很多莫名的要求。」繼而釋放內心深處對於父親這個角色的期待與失落，找回完整而坦然的自己。

寫信給自己，無論設定要寫給年紀多大、哪個階段的自己，都是很好的自我療癒方式，透過最真實坦率的自我對話，重新回到過往的生命現場，記起那些被意識刻意遺忘、或壓抑的情節，恍然明白：原來，這就是傷口真正的所在。

和「內在小孩」一起面對以前痛苦，
才能釋放過去的憂傷。

療癒父母的「內在小孩」

所有的錯誤都可以被寬恕，所有的美好都可以被創造。

曾經和一位靈性治療師好友談起「療癒自我」的話題，他觀察到：「你每次談到少年時期，曾經輟學一年那段往事，能量就變得很低。」

那是一段非常灰暗的成長歲月，他敏銳地察覺我內心還有陰影，推測是我對父母的寬恕不夠徹底，只停留於意識的層面，雖然知道自己應該體諒他們身處的時代、教育的程度、經濟的能力，總有很多不得已的原因，無法用我期望的方式對待，但卻沒有把我深深埋在意識底下的悲傷釋放。

童年時期，我們搬過幾次家，雖稱不上顛沛流離，但一家五口卻時常處於聚少離多的狀態。十歲前的我已經有很深的「分離焦慮症」，卻為了表現乖巧順服而在大人眼前故作堅強。

有些時候，因為家庭經濟窘困關係，導致相處模式緊張，爸爸遲歸、媽媽焦慮，兩人偶有口角。我明知道他們彼此相愛，卻還是會很害怕看到他們的情緒衝突。即使，他們所爭吵的，真的都是雞毛蒜皮的小事，而且沒有多久就和好了，敏感的我還是會為此深感不安。

以至於我後來對感情的關係，十分追求完美，只要發現一點瑕疵，就覺得彼此不適合；更因為我有很深的「分離焦慮症」，往往會有極端的作為，不是很突然地「不告而別」，就是「粉飾太平」，拖著不肯面對。

我發誓我非常摯愛父母，卻很厭煩於母親充滿不安全感所引發的控制欲，也會對父親未能在照顧家庭方面滿足母親的高標準期待，而失望不安。

雖然我已經很努力、也很願意要化解，這些理智上明明知道他們不是故意要傷害我的情緒，卻還是在日復一日重複的生活體驗中，發現尚未完全釋放兒時記憶的負面影響。

每次我因為公務出差，必須離家幾天；回程都會帶回大包小包的禮物，打開家門看見母親迎接我時燦爛的笑容，就覺得很幸福。同事、朋友都知道我有這樣的習慣，稱讚我是好兒子；他們不明白、我也不自覺，這些舉動都是我在複製童年的記憶，卻也挖開成長的傷口——希望可以效法爸爸的優點，或是比他做得更好一點，不要讓媽媽在背後繼續埋怨。

療癒自己的「內在小孩」，成長的傷口才能康復

微妙的是，有一次母親竟突然說出：「你跟你爸好像，明明扛不動行李了，還是要帶些『等路』（台語，為等門的家人準備伴手禮！）回來！」剎那間，我有點驚嚇。是的，我真的跟父親好像。

疑惑的是：在爸爸年輕的時候，媽媽常誇張地埋怨，說他顧朋友比顧家多，即使家中已面臨無米之炊的窘境，爸還是要剁自己的肉給朋友吃！可是

爸爸過世這麼久了，媽媽懷念的竟是他出差幾天後，帶著大包、小包的小吃、禮物回家，打開家門的那份幸福⋯⋯

我似乎誤解很多事情、也錯過很多機會。幸而，我在潛意識的某個角落，遇見爸媽各自的「內在小孩」。「他們」（指父母的「內在小孩」）的憂慮、無助、調皮、固執、慷慨、天真，不斷地撼動我，讓我知道我們是可以一起合作的，所有的錯誤都可以被寬恕，所有的美好都可以被創造。

即使父親已經不在人間，我還是可以透過愛自己的「內在小孩」、愛他的「內在小孩」，對父親表達我的懺悔和感謝。在我寬恕他的同時，我可以很確切的感受到他也原諒了我。

透過最真實坦率的自我對話，
才能重回過往的生命現場。

真正地愛對自己

與其向外去尋找愛，不如向內去除愛的障礙。

所謂的真愛，是從真正地愛自己開始的。如果不夠愛自己，只會吸引到同類磁場的人前來相遇。彼此用匱乏愛的心情，去向對方索求更多的愛。在整個過程中，「討愛」如同「討債」，當然會不歡而散。難怪有些怨偶形容對方是「冤親債主」，彼此都用負面情緒，相互糾纏一輩子。

要特別留意的是：現代社會流行的「愛自己」，常都只停留在意識或物質層面的愛，而且淪為自私自利，並沒有真正地愛對自己。物質層面的滿足，都只是有限的愛、短暫的愛、交易的愛，它不會帶來永恆的喜悅、也不會在付出中湧進更多的愛，甚至讓自己陷入愛的反面——恐懼，怕自己不夠多、不夠好、不夠美，既擔心不夠與喜歡的人匹配、更害怕輸給競爭對手。

真正地愛自己，是溫柔地真心關愛自己的「內在小孩」，透過觀想去關照他的情緒和需求，讓他感受到你無條件的愛。接著他會帶領你覺察潛意識，接收到靈性訊息。你將會發現：真正的愛，非常豐盈。既沒有分別心、也沒有比較的欲望、更不吝嗇多付出給對方。當我們學會真正地愛自己，就不會有「究竟該愛別人多一點、或愛自己多一點？」這類的問題。

印度大師奧修（Osho）在《愛》（麥田出版）中提到：「愛不會有任何損失。愛有什麼好怕的？愛只是給予，不是商業交易，所以也沒有損失和利益的問題。愛就是如花朵綻放出它們的芬芳一樣，享受給予。」

一般人都採用無效的方法，一味地向外去尋找真愛，所以真正如願以償的人並不多；想要遇見真愛，最有效的方法應該是：回到內心去除所有關於愛的障礙。而且，並非不期而遇，是它本來就在那裡。

與其向外去尋找愛；不如向內去除愛的障礙。我非常喜歡《愛的奇蹟課程》（橡實文化），作者瑪莉安．威廉森（Marianne Williamson）說的：「停止向外尋找愛，讓愛找到你。」書中提到：有人問米開朗基羅，如何刻出偉大的雕像？米開朗基羅回答，並不是去刻出那些偉大的雕像，而是看出本身已經存在於大理石的雕像，只須將包覆在外面多餘的大理石刨除。

不要因為匱乏，而渴求更多的愛；展開自我療癒，讓愛豐盈人生

如果我們還沒有學會與「內在小孩」和樂相處，常會因為恐懼而任由不安的情緒支配，碰到的都是同類型的人。彼此出現在對方的生命中，其實也不是壞事，這是上天的旨意，要兩人互相幫助學習，以期完成這個階段該有的療癒。雖然，這樣的關係常以傷害的形式出現，但只要打開心門，面對痛楚，釋放負面情緒，就會看到對方可貴的地方，甚至在分手之後心存感謝。

然而，倘若漏掉這一個階段的學習以及療癒，類似的對象就會一再重複出現。他們的身材、長相或許有差異，帶給你的困擾或痛苦或許不同，但同樣都在反射你需要關照「內在小孩」的事實。除非，你能夠正視這個問題，學會愛與寬恕，與「內在小孩」和樂相處，痛苦才會停止。

只要我們療癒好自己，另一個無所畏懼的對象，就會很自然地出現，頻率共振。當然，也有可能那個人一直沒有出現，並不是你的等待落空，而是你的靈性已經很清楚地知道，你不再需要透過另一個人的出現，以各種甜蜜的、或痛苦的形式，幫助你修復心靈程式。

有許多單身的朋友，很習慣一個人過著很自在的生活。身邊不明究裡的親友，甚至覺得他很可憐，或許他嘗試過和別人交往看看，但他最後可能發現，自己並不需要、也不嚮往，沒有特別原因排斥，也不是因為恐懼受到傷害，就只是單純地享受單身的生活。其實，這也是真正地愛自己的另一種方式。

不要因為匱乏，而渴求更多的愛。滿滿的幸福，會自然湧現於心中。無所畏懼地分享與付出，這才是真愛。

回到內心去除所有關於愛的障礙，
它本來就在那裡。

心鈴響叮噹

✦往內心深處，去看到自己豐盈的愛。像剝洋蔥一般，層層看見愛的本質，即使過程中會流淚，也是充滿喜悅。

✦這世界上並沒有所謂「錯的人」，而是自己的心態需要改變。在感情路上，每個你所遇見的人，都帶著修復的使命而來。

✦療癒的過程會有短暫的痛苦，甚至療癒的配方將以傷害的方式呈現，很可能是因為你設定的程式就是要以毒攻毒，整個療程很長，或許不斷循環，而且令你痛不欲生。直到你有足夠的覺知，並且停止埋怨和指責，終於明白這是修復的過程，療癒的效果才會真正地出現。

✦我們總要先學會面對並接納過去，與痛苦共處之後轉化能量，寬恕之心才有機會油然而生。當我們呼天喊地哀苦悲鳴的時候，其實只是一心企圖逃離痛苦，並無助於真正地療癒自己。

✦所有人際溝通和情感維繫的挫折，都與我們和父母的關係有著密不可分的牽連。

✦要先學會寬恕父母；才能療癒自己不被愛的感覺。

✦懂得愛自己之前，請你先學會愛自己的「內在小孩」。「內在小孩」已經等我們很久了，成長過程中每多累積一點傷痕，他就多蒐集一些痛楚，等待身體的主人透過靈性的長廊，回頭去跟他對話，透過溝通解開心結，然後釋懷地放下。

✦寫信給自己，是很好的自我療癒方式，透過最真實坦率的自我對話，重新回到已知的生命現場，記起那些被意識刻意遺忘、或壓抑的情節，恍然明白：原來，這就是傷口真正的所在。

✦所謂的真愛，是從真正地愛自己開始的。如果不夠愛自己，只會吸引到同類磁場的人前來相遇。彼此用匱乏愛的心情，去向對方索求更多的愛。

✦真正地愛自己，是溫柔地真心關愛自己的「內在小孩」，透過觀想去關照他的情緒和需求，讓他感受到你無條件的愛。接著他會帶領你覺察潛意識，接收到靈性訊息。你將會發現：真正的愛，非常豐盈。既沒有分別心、也沒有比較的慾望、更不吝嗇多付出給對方。當我們學會真正地愛自己，就沒有該愛別人多一點、或愛自己多一點的問題。

✦只要我們修復好自己，另一個無所畏懼的對象，就會很自然地出現，頻率共振。當然，也有可能那個人一直沒有出現，並不是你的等待落空，而是你的靈性已經很清楚地知道，你不再需要透過另一個人的出現，以各種甜蜜的、或痛苦的形式，幫助你修復心靈程式。

06
祈禱

祈禱是上帝和天使的語言。
我們也被賦予這種語言，
以便運用智慧、美與恩典來
療癒生命中傷痛與苦難。

桂格・布萊登
（Gregg Braden）

行｜前｜導｜覽

學會真正愛自己之後，對於自己的未來會有很多期盼。上天絕對可以讓每個人所有的願望都達成。擁有健康、享受財富、獲得摯愛；但前提是：自我本身沒有匱乏的記憶或感覺，全然地感受內在的豐盈，並且確定你所祈禱的不是妄想，而是真正的願望。

這段旅程中，我透過對「吸引力法則」的深入研究，發現一個比《秘密》還要更重大的「秘密」。很多朋友閱讀《秘密》，是為了瞭解「心想事成」的運作方式，我卻在其中發現：能夠對自己遭遇的一切負百分之一百的責任，才是「美夢成真」的最大關鍵。經過很多實際的經驗，我學會如何正確地「祈禱」，是要運用所有的感官去領受，彷彿已經置身在實現的夢想之中，就可以讓自己「心未想」而「事已成」！

創造屬於自己的幸運

只要安靜而專注地對內心信仰的神祇祈禱，必定有求必應。

七歲的男孩耳朵內側長了一個小瘜瘡而發炎化膿，因為流出汁液塞滿耳洞而聽不見聲音。住在鄉下地方就醫並不方便，他又擔心這會讓經濟窘困的父母花很多錢，於是徹夜跪在聖母像前，祈禱自己的耳疾可以趕快好起來。

書桌上的聖母像，與他當時的宗教信仰無關，是姊姊學校勞作課的石膏作品。他夜半因為耳疾而輾轉難眠，躡手躡腳的下床，長跪在聖母像前祈禱。瞬間他接收到來自上天的訊息：「你耳朵長了一顆小痘痘，你用不乾淨的手指頭去摳，才會發炎流膿。找一罐面速力達母擦一下，多吃蔬菜水果，很快就會好了。」

隔天，男孩的耳疾，不藥而癒。

這個在半夜體會神蹟的男孩，就是我！而且，還不只一次。我在童年時期就發現：只要安靜而專注地對內心信仰的神祇祈禱，一定有求必應。

有一次，我和爸媽去關渡祭拜外曾祖父。那天很冷、風好大，我們搭了將近一小時的公車，還走一小段山坡路才抵達。我在墓碑上仔細看外曾祖父的名字，想起他在世時候的模樣、以及家族為他辦喪事的情景。他去世時，我只有兩、三歲，但印象深刻。靈堂前垂掛的輓聯、棺木的形狀和位置、他手持唸珠身穿長袍馬褂的遺照……現場所有布置都歷歷在目。

正要開始祭拜時，媽媽對我說：「阿祖很疼你喔！」神來之筆似的，我跪地默默禱告，希望外曾祖父可以贊助我們往返的車資。

我對著外曾祖父的墓碑祈求；宇宙自有特別的方式回應我。叩首之後再抬起頭的瞬間，一陣狂風從遠方吹過來一疊紙鈔，落在我和爸媽眼前。

心想事成，美夢成真。你所誠心祈求的，上天必回應

還有一次「神蹟」，出現於我考上大學後的一個下午。在家裡整理課本，意外發現高一時，我曾在國文課本最後空白頁，密密麻麻寫著近百遍的「我考上國立政治大學」。沒印象自己當年如何發下豪願，只記得下過的決心。因為我是經過重考才上高中，開學後立志要順利考上大學！從此每天留在學校晚自習，連續三年沒有回家吃晚飯。週末就到台北市松江路的行天宮，跪在地上向關聖帝君祈求：「我要一次就順利考上大學！」

心想事成，美夢成真。你所誠心祈求的，上天必回應。對我來說，曾經是這麼簡單的事。但是後來的人生總會有些意外，甚至重大挫折，是我從未想過，卻突然發生。這時候，我也得靠堅強的信念祈禱，幫助心靈脫困。

將近三十年前，母親在傳統菜市場突然昏倒，送醫急救後被醫生判定腦幹嚴重出血，在加護病房昏迷二十幾天。我去林口的竹林觀音寺，祈求媽媽可

以恢復神智，許諾從此以早餐吃素還願，後來媽媽終於清醒。

治療及復健期間，我看到母親中風後歷經的身心煎熬，回想起小時候一個春天的傍晚，曾經弄丟一株鄰居要送給媽媽的幸運草而十分自責，決心要幫母親找回屬於她的幸運。每次經過花草樹叢，只要靜下心來，就能聽見來自宇宙的召喚：「這裡有你要的四片葉酢漿草。」我總是萬分欣喜，很感恩地找到並摘下，回家獻給母親，彌補我童年因為粗心大意而遺失的幸運。

當摘到幸運草的次數，多到讓我因為知足而懂得反省之後，就決定讓幸運草留在它該有的位置，得以繼續成長，不再隨手摘取，只是拍照留念。至今我的手機裡，保存許多幸運草的倩影，時時提醒我要更謙卑、感恩。

幾年前，媽媽突然被診斷罹患多重器官惡性腫瘤，曾因為找不到適當的治療方式，而被宣告以安寧方式處理。我一直不願意放棄，經過不斷的祈禱，終於找到新的治療方式而重獲生機，如今已經痊癒，是我生命的另一次奇蹟。

信念是祈禱的關鍵

要靠堅強的信念，帶給自己豐富的想像力，如同願望已經實現。

朋友們聽過我分享很多「心想事成」奇蹟，反應的態度大不同。有些人很羨慕，也想要得到祈禱的力量。另一些朋友覺得，那只是我的運氣好，巧合的成分居多，不見得真的是祈禱的功效。

還有一些朋友笑我傻：「當初你為什麼不多求一點，拜託神明讓你考上台大，那是大家稱羨的第一志願，難道不會比第二志願政大更好？」

老實說，當時許願之後，我立刻忘記那項祈求。是後來考上大學整理舊書，偶然間發現，還再三確認筆跡，才想起來我曾經那樣認真地祈禱，希望能夠考上政大。

至於，為什麼不是許願要考上台大呢？

這個問題很有趣，我曾經很認真地想過，也有很清楚的答案。以我當年的能力與自信，認為政大最適合自己。當時我認為政大是自己最願意挑戰的目標、也是最喜歡的學校，所以它就是我的第一志願。如果許一個連自己都不相信、只是為了達到別人標準的願望，怎能說服神明？又怎能靈驗？

就像很多買彩券的人，花錢投注的時候，究竟是滿懷憧憬地認為自己一定會中獎，而且靠著堅強的信念，帶給自己豐富的想像力，如同願望已經實現，正在享受中獎的喜悅；或是半信半疑地告訴自己「唉，我就是試試運氣，沒中就算了！」

如果是前者「滿懷憧憬地認為自己一定會中獎，而且已經想像過中獎的感覺」，中獎的機率一定會高於後者「唉，我就是試試運氣，沒中就算了！」這就是信念是否堅定的差別。

若內在已經很矛盾，祈禱時發送出去給宇宙的訊息，必定扭曲

我們眼前所遭遇的一切，都是被自己的信念吸引而來的。除非已經學會持續清理潛意識，並且與「內在小孩」和好相處，時時與「高我」保持暢通的連結，否則我們透過意識層次的理解，未必是釐清潛意識之後真正的訊息，也不會是神性要傳遞給自己的指示。於是無法分辨出「我們眼前所遭遇的一切」和「自己的信念」之間的關係，以致一直陷入心想事不成的窘境。

如果一個人意識到自己想發財，祈禱可以中頭彩；但是，他的潛意識卻認為金錢既俗氣又骯髒，很怕自己染上銅臭味，也擔心錢太多會不知道怎麼花

用，更憂慮成為暴發戶之後，會招來厄運。他的內在已經很矛盾，祈禱時發送出去給宇宙的訊息，必定是扭曲的，傳送訊息的內容不清楚，天線又沒接通，當然就沒有辦法「心想事成」。

與其臆測自己的許願會不會實現，還不如徹底把腦袋放空；必須徹底排除內在的矛盾，清理心中的雜訊，祈禱的內容才會上達天聽。

徹底排除內在的矛盾，
清理心中的雜訊，
祈禱才會上達天聽。

向宇宙放送幸福的頻率

必須讓身心處於平衡、和諧的狀態，活在最真實的當下。

除了照顧長輩遇到非常棘手的狀況，我並沒有時常許願。回頭去看那些打拚的過程，我應該算是屬於刻意讓自己「活在當下」的人，認為心中有夢想，只要做好當下該付出的努力，時機到了，因緣俱足，宇宙自然會成全。

我很有自知之明，沒有超過自己能力太多的野心。擬訂目標時，我會客觀地檢視自己的能力，然後擬訂超過標準5至10%的挑戰當作激勵，不會強求自己、為難老天。

例如：我若足不出戶，專注寫作，輕輕鬆鬆地，一天可以寫出八千多字的書稿。當我選定一個主題要分享給讀者，而且已經準備好大綱或資料，最多會訂定「每天寫一萬字」的目標，其中還包括對文字品質的要求，所以我不會訂出「五天寫完一本十萬字新書」的計畫，然後還對上天祈禱，希望自己許願成功。

雖然有些作家好友，認為這已經是神速了，但我還是要強調認真本分的重要性。因為寫作進度是很實實在在的過程，從題材構思、到一個字一個字寫出來，無法靠奇蹟速成。至於作品是否能暢銷，盡力書寫之後，就要靠因緣了。

按部就班地書寫，是隨手舉的例子；但如果你從事業務推廣工作，想要讓業績在未來一年中成長十倍，就不必自我設限。

你不妨問問自己、問問前輩，並參考業界最佳業務員的績效，只要有機會達成，就大膽地放手去做，並藉由祈禱來祝福自己，增加決心和信心，絕對有可能因此而美夢成真。

我的人生哲學，是凡事做最好的憧憬、也做最萬全的準備，然後接受最後的結果。假使結果不如人意，我也不會感到挫折難過，而是檢視自己哪裡做得不夠，是努力不足、還是方法不對？透過溫柔而深刻的內省，找到下次可以做得更好的動機及方法。若是不斷重蹈覆轍，只會原地打轉而已，絕對無法把自己帶向真正想去的地方。

若完全不肯改變過去的自己，宇宙很難回應你未來的需要

看到很多人在職場上屢犯同樣的錯誤，把責任推給同事和主管，然後祈禱貴人會出現；也有些人不愛惜羽毛，做出會令自己後悔的事情，例如：成為別人的小三、借錢給慣性不償還的對象、捨不得離開根本就不適合的伴侶，到頭來卻埋怨自己遇人不淑，甚至還祈禱能夠早日遇到對的人。

若完全不肯改變自己，宇宙很難回應你未來的需要。因為，你始終還是活

在過去。

一般人之所以要祈禱，都是在渴望得到目前感到欠缺的東西。生病的人祈求健康；貧窮的人祈求財運；失戀的人祈求幸福。這時候，向宇宙發送的都是「匱乏」的訊息，只會和比較低的頻率共振。除非，自己可以意識到，必須做出改變。

你可想而知，生病的人若不肯改變生活作息、或飲食習慣，很難重拾健康的身體。貧窮的人若不肯改變自己對金錢的價值觀、或工作態度，很難獲得想要的財富；失戀的人不肯改變自己對內在的貶抑、溝通方式，很難找到可以相處一輩子的伴侶。

有效的祈禱，應該在靜心中完成；然而，更重要的是：祈禱之前先淨身。這裡說的淨身，不只是沐浴更衣，而是檢視自己的現況與能力，必須讓身心處於平衡、和諧的狀態，活在最真實的當下，體會富有，懷抱幸福。在祈禱時，投射感恩與豐盈的心念，才會與喜悅和滿足的高頻共振，將訊息傳達到宇宙，以便得到內心所要的回應。

感覺「富足」時，會吸引更多「富足」。
感覺「匱乏」，就會吸引「匱乏」。

祈禱的關鍵要領

唯有在感覺富足的狀態之下許願，才能心想事成。

關於「心想事成」，影響我最深的啟蒙書，首推《向上思考的秘密（The Power Of Positive Thinking）》。那時，我還是一個考高中卻落榜的國四班學生。處於學習階段的重大挫折，偶然間在爸爸的書架上看到這本書。

作者皮爾博士（Dr. Norman Vincent Peale）是知名的宗教家、教育家及作家，畢生積極思想，被稱為「積極思想之父」，他認為美夢成真有三個要素，就是：「想像」、「相信」、「去做」。受到這本書的鼓舞，我經過重考而被成功高中錄取。雖然當時只是男校的第三志願，但已是重大突破。

在過程中，我體驗到從「想像」到「相信」，就是讓「心念」逐漸釐清並確認，再發展成為「信念」，加上腳踏實地「去做」，會使「信念」更加堅定。這也就呼應了《牧羊少年奇幻之旅》（時報出版）書中的金句：「沒有一顆心會因為追求夢想而受創。當你真心渴望某種事物時，整個宇宙都會聯合起來幫你完成。」

後來，當我陸續讀完數十本來自世界各地分享如何「心想事成」、「美夢成真」的書籍，更加確定這些偉大的作者們，所講述的許願邏輯都很近似。彙整這些書籍陳述的許願模式，不外乎就是：

1. 你必須有個堅定的成就動機。
2. 把心中夢想變成具體的畫面。
3. 排除內心「不可能」的障礙。
4. 放鬆心情等待圓夢時刻到來。

以上我所條列的許願模式非常精簡，幾乎是每一本書中都提到的。但若要徹底做到每個步驟，需有正確的觀念、以及很多的練習。否則，動機不夠堅定、夢想畫面不夠具體、常有雜念認為自己不可能如此好運、太在意結果……就無法美夢成真。

唯有在感覺富足的狀態之下許願，才能心想事成

很多人買書照做，但只有少數人真正獲得心想事成的結果。有不少讀者看完書還是一知半解，甚至抱怨：「為什麼我的願望還沒有實現？」

那很可能是照著書上的SOP（標準作業流程）步驟，但心念上還沒有準備完全，當然就不可能具備堅定的信念。

正確的許願模式，並非只是詳細列出「願望清單」，而是要讓自己從心念到信念，都完全而徹底地感覺富足。

我有一位好友，曾經跟我分享她的奇特經驗。

農曆年假期間，她和家人前往北台灣香火鼎盛的「烘爐地」拜拜。虔誠的民眾擠爆整條路，商家銷售的供品中，還附了一張「願望清單」，讓民眾可以自行勾選想要祈求的項目，包括：事業、感情、金錢、名利等。

在和家人一起跪拜的過程中，她突然覺醒：「我還要求什麼呢？我已經什麼都有、什麼都不缺了，我還要求什麼呢？」剎那間，她激動地流下眼淚，收起內心所有的渴望，浮現滿滿的感謝。

沒錯！感覺富足，就是祈禱的時候，你內心最需要有的體驗。唯有感覺富足，你才能向宇宙放送幸福的頻率，進而心想事成。

想像自己會成為什麼樣子，
心念就會帶領意志去到那個境界。

想像已經美夢成真

投入所有感官去想像，身歷其境地體驗豐足。

感覺富足的祈禱，最容易上達天聽。這正是「吸引力法則」最基本的邏輯；卻也是大眾最容易忽略的重點。因為，當你感覺「富足」時，才能吸引更多「富足」。如果你感覺「匱乏」，就會吸引「匱乏」。

這也是最難做到的關鍵。因為大多數人在祈禱的時候，都是帶著匱乏的意念許願，所以吸引到的磁場，就是讓自己繼續停留在匱乏的狀態。如果你因為感覺孤單，而祈求上天賜予幸福，通常的結果是，你會得到更多的孤單。就像感覺缺錢的人想要祈求發財一樣，只會讓自己繼續處於貧困中。

然而，要如何教缺錢的人在祈禱招來財運時，卻不讓自己處於匱乏的狀態？

進行心靈成長課程時，學員提問：「如果我明明就缺錢啊，難道要假裝成有錢的樣子？」這是個好問題。如果能讓自己裝成有錢的樣子，而且要裝得很像，裝到自己都相信已經富有，也就成功一半了。困難在於：大部分的窮人，根本裝不出有錢的樣子。他若是能夠真正換成富有的思維，並表現出有錢的態度，早就脫離貧窮的行列了。

成功，固然需要很多運氣；幸福，確實需要很多努力！我曾經以為意志力是最重要的，後來才漸漸明白：讓想像力多於意志力，會更輕鬆地把自己帶向心裡真正要去的地方。

尤其是對不斷苛求自我紀律的人來說，如果已經具備高乎常人的意志力，付出過比其他人加倍的努力，仍困在原來的地方，就請放鬆心情，試著改用想像力，帶著自己重新出發吧！想像自己會成為什麼樣子，感覺已經身處那樣的情景，最後會在現實生活中產出一模一樣的結果。

當心念充滿祝福、美、與感謝，就是最好的祈禱

桂格．布萊登（Gregg Braden）是美國新世紀（New Age）作家。他試圖將靈性與科學結合，以發掘人類與宇宙聯繫的奧秘。

為了尋找有關祈禱的答案，他從一九九八年至二〇〇五年間，前往西藏偏遠的高山僧院，找到珍貴的《死海古卷》、《納格哈瑪地藏書》，並且在北美洲印第安神秘古老的傳承中，印證同樣的祈禱原理。

真正的祈禱，既不形諸於語言，也不用跪拜，雙手不一定需要合十，或有特定的外在肢體表達，而是單純地以一股清晰、強烈的感覺來傳遞訊息，彷彿我們的祈禱已經得到回應。透過這種無形的「語言」力量，我們的請求祝願就能產生力量，獲得實現。

他提到一個很實用的例子。在乾旱期間被原住民朋友大衛邀請去祈雨，大衛告訴他：「如果為了下雨而祈禱，絕對不會起任何作用。」而是要「去體

驗我對雨的感受。我感覺雨落在身體上，還體驗下了許多雨後，雙腳陷在村中廣場泥巴裡的感受。我聞到雨落在村裡泥牆上的味道，也體驗到因為雨量豐沛而能走在及胸高的玉米田中的感受。」

大衛在祈禱時，投入所有感官去想像美夢成真的樣子，包括：思緒、感覺、嗅覺、視覺、味覺、以及觸覺，和大地產生共鳴，最終可以和宇宙連結。

祈禱，是透過想像力的體驗，而進行偉大創造的過程。投入所有感官去想像；身歷其境地體驗豐足。

謙卑地感恩，讓祈禱可以在靈驗之外，增添更加豐富的意味。大衛說：「不是為自己所創造的表達感謝；而是有機會參與創造的過程而心懷感激。」

這段經驗的的結語是：「感覺即祈禱。」我們不必學習任何的動作或姿勢，當心念充滿祝福、美、與感謝，就是最好的祈禱。每一刻都在感覺，每一個感覺都是祈禱。

何謂「祈禱」？

透過想像力的體驗而創造的過程。

用祝福代替祈禱

用知足的心態看待自己擁有的東西，瞬間轉念就可以得到富有的感覺。

要教窮人感覺富足，純粹從金錢的角度來看，勢必會有些困難。窮人會固執地說，我沒有那樣的經驗！甚至，沒有真正見識過有錢人的樣子，教我要如何體驗？

其實金錢只是帳面上的數字，金錢的價值所帶來的滿足與安全感，才是財富真正的意義。實際坐擁億萬家產的富豪，未必每一位都有充分的滿足與安全感。因為有錢人往往還想要更有錢，並害怕財產會貶值縮水。若是登上富豪排行榜，每年還擔心名次有起落。只有少數有錢人，像微軟創辦人比爾．蓋茲、股神巴菲特、富邦蔡明忠，願意大量且持續捐贈錢財給需要的人，他們才是真正擁有豐足的人生。

一般人要在匱乏的時候，得到富有的心態，光憑想像力去創造體驗的情境，確實是捨近求遠。這時候，如果可以改用「知足」的心態看待自己擁有的東西，只要瞬間轉念就可以得到富有的感覺。

習慣哀怨自己沒有一雙好鞋的人，若在看到失去雙腿的肢體障礙者時，因為同理心的共鳴，而產生悲憫與尊敬，重拾生命的知足與感恩。把這份心意轉化為祝福，獻給需要關心的人，立刻就可以揮別匱乏的心態，讓自己的內在變得富有。

當你祈禱的時候，並不是為了自己欠缺什麼，而是感覺自己已經擁有很多，就會吸引更多的「擁有」，前來和自己相遇。當你覺得自己已經什麼都不缺，無需再替自己祈禱，不再向宇宙奢求什麼的時候，就為別人祝福吧！這份心意，將擴大你的祈禱力量，得到比你預期中更多出千百倍的結果。

當你熱愛生命，就必能體會豐盈；當你願意奉獻自己，就會誠心祝福別人

一個人為滿足自己而祈求的願望，規模一定比不上他為了關心其他人所付出的願力。如果可以擴展自我的需求，化為大愛的成全，心想事成的機會將大大的增加。

與其為了幫自己賺取薪水，而祈禱得到好的工作；不如為了養家活口，而祈禱得到滿足志趣的職務。若可以的話，不妨再提高一點許願的層次，為了讓自己的才能，可以服務更多需要的人，祈禱上天帶你找到一個可以發揮的舞台，必定會美夢成真。

靈性作家尼爾・唐納・沃許（Neale Donald Walsch）曾說：「人類將會明白，金錢只是能量的一種形式，它本身的價值是中性的，不好也不壞，就跟其他能量一樣。他們也會了解，真正講起來，『金錢』並不等於『富裕』；真正的富裕，根本與金錢扯不上關係，最後，人們將會了解，神不反對金

錢；金錢與靈性不能並存的觀念，是錯誤的。這種新教導的結果是：『富裕』的意義將會被重新定義，並對社會造成重大的影響；人們努力工作的目標，不再是為了累積金錢，而是為了家人，為全人類服務累積自己的生命價值。」

當你熱愛生命，就必能體會豐盈。當你願意奉獻自己；就會誠心祝福別人！這樣的人生，不必刻意地祈禱，幸福就已經常相左右了。

祈禱時，感覺自己已經擁有很多，
就會吸引更多的「擁有」，
前來和自己相遇。

接受「心想事不成」的結果

當事與願違時，要順隨生命的河流，耐心等候上天要給你的訊息。

相對於「心想事成」的美好；很多人對「事與願違」感到挫折。這其實是很正常的反應，不必過於憤怒或失落。但是，在沮喪難過，或怨天尤人之前，可以回頭再多想一遍：在實務層面的付出上，我真的夠努力嗎？我是否用對方法？在靈性的意涵裡，我的願望是否夠明確？我的祈禱是否奏效？

信念，是祈禱的關鍵；行動，是兌現的步驟。人生真正會實現的美夢，絕不會躺在床上就實現，它需要你付諸適當的行動。

萬一，費盡所有心思付出該有努力，結果卻「事與願違」，這正是傾聽天意最好的時機。這時候的你，最需要的是順隨生命的河流，耐心等候上天要給你的訊息。通常你可能會得到以下的訊息：

1. 你透過意識所祈禱的願望，並非屬於「超意識」想要的願望。
例如：你朝朝暮暮想要中頭彩，完全不想工作，引退江湖。但你的「超意識」知道你比較適合在人群中貢獻才華。或許，你只是尚未找到合適自己發揮的舞台，才會對工作有倦怠感，而誤以為自己真的很想中樂透。你的「超意識」希望你能夠在適合的工作上發揮所長，對世界創造價值，所以沒有讓你中樂透的願望成真。

2. 你祈禱的願望需要時間醞釀、或多點準備，尚未到兌現的時刻。
例如：你想要和最適合共度一生的對象萍水相逢，但你還有很多壞脾氣、壞習慣沒有改掉，如果現在就讓你的夢中情人出現，很可能會把事情搞砸，反而讓你錯失良緣。

3. 你過度努力地、頻繁地祈禱，讓上天一再看到你的信心還不夠。

只要你對宇宙實現夢想的法則有信心，就應該在祈禱之後將願望交付給上天。如果你不斷跟老天講條件、或催促祂動作快一點，就顯露你對祂的信心不足。而祂正是你內在最高的信仰，也是靈性的主宰，你對祂信心不足，用最通俗的語法來說，就是自信不夠。當你自信不夠，心念不斷動搖，就失去祈禱的效果。

與其緊抓著願望不放，不如在盡力之後放開雙手，交給內在神性幫你成就一切

太過度付出努力，一味地埋頭苦幹，很容易得到「事與願違」的結果。這是我最近幾年才體會到的奧妙道理。

過度努力，不是自律，而是自虐。不但在虐待自己，也會虐待「內在小孩」。如果真正愛自己，就應該在追求夢想的過程中，以疼惜「內在小孩」的心意，經常自己對話：「我現在該不停工作嗎？或是，該休息呢？」

正向思考，未必真的有助於實現夢想，有時候，你越是用力觀想，阻力就會越強，代表你其實對自己不夠有信心。

我們很習慣與心裡「萬一失敗」的負面念頭共振，因此，在等待「心想事成」時，與其緊緊抓著願望不放，還不如在盡力之後就放開雙手，把願望交給你內在神性，讓祂幫你成就一切。而你所有要做的，只是謙卑、感恩地接納。

有一次，我受邀去上海一家製鞋公司演講。我特別用心地設計一句標語作為開場：「穿上這雙鞋，雖不保證未來一路平坦，但絕對可以在碰到障礙時勇於跨越！」這個破題的創意，讓我才一站上講台，就獲得滿堂彩。

其實，我講的不只是鞋子，而是我們在生命中許下的所有願望。

每一次祈禱，未必能夠美夢成真，但光是這份衷心期待人生會更好的心願，就可以讓我們對自己有更多的了解，進而產生更大的決心與更多的勇氣，面對這一生的所有挑戰。

宇宙實現夢想的注意須知：
祈禱之後，就將願望交付給上天。

心鈴響叮噹

✦除非已經學會如何清理潛意識，並且與「內在小孩」和好相處，否則我們透過意識層次的理解，未必是潛意識真正的訊息，也不會是神性要傳遞給自己的指示。

✦心中有任何夢想，只要做好當下該付出的努力，時機到了，因緣俱足了，宇宙自然會成全。

✦凡事做最好的憧憬、也做最萬全的準備，然後接受最後的結果。

✦若完全不肯改變過去的自己，宇宙很難回應你未來的需要。因為，你始終還是活在過去。

✦讓身心處於平衡、和諧的狀態，活在最真實的當下，祈禱時所散發的心念，才會具有傳達到宇宙的效力。

✦祈禱的關鍵要領：感覺富足。唯有在感覺富足的狀態之下許願，才能心想事成。

✦成功，固然需要很多運氣；幸福，確實需要很多努力！我曾經以為意志力是最重要的，後來才漸漸明白：讓想像力多於意志力，會更輕鬆地把自己帶向心裡真正要去的地方。

✦祈禱，是透過想像力的體驗，而進行偉大創造的過程。投入所有感官去想像，身歷其境地體驗豐足。

✦謙卑地感恩，讓祈禱可以在靈驗之外，增添更加豐富的意味。

✦當心念充滿祝福、美、與感謝，就是最好的祈禱。

✦每一刻都在感覺，每一個感覺都是祈禱。

✦改用「知足」的心態看待自己擁有的東西，只要瞬間轉念就可以得到富有的感覺。

✦當你覺得自己已經什麼都不缺，無需再替自己祈禱，不願再向宇宙奢求什麼，就為別人祝福吧！這份心意，將擴大你的祈禱力量，得到比你預期中更多出千百倍的結果。

✦一個人為滿足自己而祈求的願望，規模一定比不上他為了關心其他人所付出的願力。如果可以擴展自我的需求，化為大愛的成全，心想事成的機會將大大的增加。

✦當你熱愛生命，就必能體會豐盈。當你願意奉獻自己，就會誠心祝福別人！這樣的人生，不必刻意地祈禱，幸福就已經常相左右了。

✦每一次祈禱，未必能夠美夢成真，但光是這份衷心期待人生會更好的心願，就可以讓我們對自己有更多的了解，進而產生更大的決心與更多的勇氣，面對這一生的所有挑戰。

07 圓滿

只有找回我們的心，
讓我們的心唱歌、跳舞、和愛，
我們才能夠保有身為一個人的
榮耀和尊嚴。

奥修
（Osho）

行｜前｜導｜覽

大多數的人們，都想要擁有健康、財富、伴侶、幸福。然而，真正「圓滿」狀態，絕對不只是自己的富足，而是人類群體的和諧。試著想像一下：你是一個富有的人，但你的城堡坐落於窮困的社區，治安很差，盜匪四起，你會活得安心自在嗎？

在這段旅程中，我學習如何妥善使用靈性的能量，讓自己擁有世俗所需的健康、財富、伴侶、幸福。並且從自我擴展到他人！以同理心出發，培養內在更深厚的慈悲，往更深的內心走去。發現自己，就是最偉大的奇蹟。延續這個力量，幫助更多人療癒創傷，發現各自生命的奇蹟。我們終將明白：唯有心和平，世界才會和平。每個人，都是一個小小的宇宙。而存在於古今來不受時空限制的大宇宙，反映的也就是每個生命內在的總和。透過自我的覺察，群體將得到更超然的醒悟。

心和平，世界就和平

當多數人覺得無力改變外在環境時，正好就是向內平靜自己最好的機會。

生日或跨年許願的時候，你聽過自己或身邊親友的願望，是祈禱「世界和平」嗎？

每個不同的生命階段，都會陸續聽見這個願望——世界和平，而且對方是嚴肅審慎地許願，並非應付場合的需要。仔細回想，我也曾經許過幾次這個願望，而且印象還滿深刻的。

第一次，是剛成為上班族，公司裡跨部門的同仁幫我慶生，驚喜中有些尷尬，在陌生人面前很容易緊張的我，當時腦中一片空白，許願的時候，除了「身體健康」之外，我還祝禱「世界和平」。第三個願望，按照俗例，默默放在心裡。

當時許願「世界和平」，雖是情急之下硬擠出來的願望，但也不能說不夠真誠。只能說那個年紀的我，還不是很具體地知道自己能為「世界和平」做些什麼努力。

還有一次是美國發生九一一恐怖攻擊事件，看到驚心動魄的新聞畫面，我認真地許下「世界和平」的願望。在那一刻，我回想起之前大學時期新聞系的學姊陳藹玲（現為富邦文教基金會執行董事）在生日時許下的願望，真的就是「世界和平」！她是一位很有國際觀的女孩，非常關心世局，而且是很想為「世界和平」盡些心力，所以對這個願望特別認真慎重。

此外，這幾年無論是新冠肺炎、或俄烏戰爭等，讓民眾都感受到世界局勢真的是牽一髮而動全球，只要願意打開人生的視野，深入靈性的學習，應該都會深刻領悟：「世界和平」的使命，其實和每個人的責任都息息相關。

靈魂透過肉身經歷種種不是愛的幻相，學會辨識什麼叫做愛

我連續多年和不同公益單位合作，巡迴到各地去主持永續議題的座談會活動，深知地球暖化、環境汙染，碳排放量的嚴重性，以及消除貧窮、多元共融，健康福祉等重要的任務，都必須仰賴地球上的每一個人，做好自己分內的工作，攜手同心努力，才能挽救眼前的危機。

從靈性的角度來看，每一個靈魂都承擔著神性賦予光的任務，當你能辨識自己靈魂的任務，會發現自己本來就是一個光的使者。

換句話說，每個人的肉身各自獨立，但卻都來自同一個靈性的本源。靈魂選擇以不同的身分來到地球學習，透過二元對立衝突的體態，接受各種「是或不是」的挑戰，重新記起真正的自己。

靈魂透過肉身去經歷種種不是愛的幻相，才能學會清楚辨識什麼叫做真正完整的愛。正如我們克服了恐懼的虛妄之後，終於明瞭：愛，是豐盈。

因為寫作、主持節目、製播影音內容等機緣，我常與同仁一起蒐集社會各地不同角落，自願以奉獻服務的方式，點燃靈性光芒的人物，希望透過這些長期累積的分享，逐一連結每個人的靈性之光，終而照亮全世界。其中有上山下海替偏鄉弱勢民眾義務剪髮的設計師、陪著老媽媽到處拍攝鳥類生態的孝順兒子、在車站幫老年人提行李的青少年志工……我相信聚集每次收聽節目幾十萬位聽眾，連續二十幾年下來，就可以結合成千上萬的善心義舉，將他們對別人的好意，匯聚成亮眼的光芒，讓所有的人知道：愛，就是光明。

或許，每個人小小的光束，閃閃爍爍會顯得很微渺；但是，只要匯集起來，就會成為炫耀奪目的銀河。

這些年來，我也常接受宗教團體的邀請，主持大型的活動，其中對靈鷲山「寧靜運動——心光祈願會」大型晚會印象深刻。晚會主題是：「心和平，世界就和平。」

心道法師說：「寧靜會使我們的內心安定、內在和諧，從內在和諧再去

每一個靈魂都是神性賦予光的任務，
透過覺察、辨識，
發現自己是一個光的使者。

創造外在和諧。經由隨時隨地寧靜一分鐘來清除內心的障礙達到內心的和平，體會彼此是生命的共同體，生起幫助他人獲得快樂的念頭，就更能學會放下一切。彼此和平相處，也讓我們環扣到整體生命的大能量，然後學習怎麼去愛生命、珍惜生命，進而奉獻生命、服務生命。」「所謂的寧靜，就是觀照我們自己的心，唯有我們的心和平了，世界才能真正和平。如果我們的心只看到黑暗，光明就永遠不能透入；寧靜是讓我們看到世界的美好，讓生命重新發光。」

過去，向外尋找救援；而今，向內探索解答

近年來，經過媒體不斷報導「末日預言」、「水星逆行」等的新聞，加上「新冠肺炎」在全球蔓延，民眾對於很多號稱神準預測災難的通靈老師所說的預告，比從前更加關注，這也帶動許多年輕朋友，學習靈性的風潮。

這類提醒，立意良善。但學習靈性，並不是要認同「怪力亂神」，也不必停留在「消災解厄」的層次。更重要的是：如何在末法亂世中，安頓身心。

在很多人口中的「末日」或「亂世」，常淪為被用來以販售「危機感」而獲利的商業行為，其實它在靈性上真的意義，是把它當作自己「靈魂覺醒」的契機。過去，向外尋找救援；而今，向內探索解答。當多數人覺得無力改變外在環境時，正好就是向內平靜自己最好的機會。

每個當下，都可以是新生的開始。即使當我們的身體意識確定可以安度生命的危機，你有沒有想過：自己的心靈是否已經重生？

全球知名的心靈導師艾克哈特．托勒（Eckhart Tolle）說：「只要你的內心平順，外在就會和諧。」如果每一個人都能擁有內在的平靜，整個世界就會和平無災。不會有汙染、戰爭、殺戮、搶奪、飢餓、貧窮。知名靈性作家露易絲．賀（Louise L. Hay）也呼籲：「愛來自我們的內心，也從我們每一個人自己做起，就讓我們的愛，為療癒地球貢獻出一份心力吧！」

所以你並不勢單力薄；至少有這麼多追求內在和諧的人，都與你同在。

為什麼要學習靈性？
提醒自己如何在末法亂世中，安頓身心。

覺察情緒促進身心和諧

在生活中做好身心平衡的功課，就能避免疾病的發生，常保健康。

願意學習平靜自己的內在，才能保持身心和諧的狀態。不論你用的方法是：運動、腹式呼吸、打坐、禪修、念佛、懺悔、禮拜、告解……這些努力的作為，其實都是為了找到可以讓自己內在平靜的有效方法。

如果無法平靜自己的內在，身體遲早會出現問題。身體的每一種疾病；都可以對應出情緒的某個部分沒有被處理好。尤其是累積很久的壓力，最容易摧毀身體的健康。

所謂的「情緒管理」並不是要你管制情緒，而是要覺察情緒，敏感地知道它的高低起伏，同時找到接受並處理情緒的方法，才能抒解它。若是一味地為了表面上的和諧，而壓抑自己真正的情緒，是很不健康的做法。既會傷害到自己，也無助於處理彼此的歧見、以及你和對方的關係。

如何做到不生氣；但也不憋氣？以下是我的曾經試著處理情緒的實例。

過去這些年來，每週我都要定期陪媽媽去中醫診所，厲害的中醫師光是把脈就可以知道病患這個星期的身心狀況。

就診時，我常聽見中醫師一針見血地說出媽媽或我的情緒起伏，並且提供解決方案。例如：「你最近是不是有心事，不要過度壓抑啊，建議你快走二十分鐘，用力吐氣，找個不會吵到別人的地方，大喊幾聲——哈，哈，哈，整個人就會舒坦了。」「你這幾天跟人吵架嗎？可以放下那些爭端嗎？」「你工作壓力很大喔，趕完進度要讓自己放鬆一下。」

專業的中醫師透過把脈，可以看出病患的情緒變化；而我們更要覺察自己，看清楚內在的喜怒哀樂。然後應用法鼓山聖嚴法師建議的「四它」，也就是四個步驟：「面對它；接受它；處理它；放下它。」讓情緒保持暢通，將堵塞淤積疏導成細水長流，把洶湧浪濤化為平靜無波。

「四它」乍聽之下，是很簡單的轉念步驟。但在實際操作上，有些觀念與做法還是需要更具體仔細地引導，我在《煩惱也沒關係；牽掛，表示你在意》（悅知文化）書中，將聖嚴師父的教導，以系統化的架構闡述，幫助讀者一步一步轉念，才能真正放下。

萬病都從情緒起！所有的疾病症狀，其實都跟情緒有關

我們身體的每一個細胞，都深深受到情緒的影響。知足與快樂的思維，可以讓健康的細胞得到滋養與活力；懺悔和感恩的情緒，能夠讓受損的細胞獲致安撫和療癒。

德國Jena大學研究人員曾經對六千名病患進行調查，發現一個事實：適

當發脾氣、釋放負面情緒，比較健康，可增壽兩年。反之，壓抑情緒的人，比經常發脾氣的人，有更多健康上的風險。因為他們總是試圖隱藏恐懼，努力克制自己的情緒，心率和脈搏都比較快速。這項研究指出，壓抑負面情緒的人，容易罹患高血壓、癌症、腎臟疾病。例如：個性追求完美的人，就很容易因為長期緊張，而導致胃痛或消化器官的疾病。

萬病都從情緒起！有時候，疾病也成為逃避面對真正情緒的保護傘。當你厭煩一個無趣而沒有成就感的工作，可能常常因為頭痛而必須請假，但是始終找不出真正的病因。

靈性作家露易絲．賀（Louise L. Hay）曾詳列四百種以上的疾病症狀，以及與之相對應的可能原因和她所建議的思維模式，都跟情緒有關。她因此而獲得「自我療癒之母」的美譽，許多中西醫都開始留意這項分析。

具有專業醫學暨生物科學背景的楊定一博士提倡的「預防醫學」觀念：不必等到生病才就醫，而是應該在生活中做好身心平衡的功課，就能避免疾病的發生，常保健康。

該如何達到「心腦相依」？

願意發心、覺察。然後，用心邀請腦一起合作。

他強調「身心靈整合」與「與大自然和諧共處」的重要性！同時也澄清一個很重要的觀點：「以前認為大腦製造了人體最強的電磁場。但研究證實，心臟的電磁場更強，是腦的四千倍以上。心與腦的電磁場有極強的同步性，當人體覺得愈和諧，心腦之間的同步性就愈強。」「心中充滿感恩、關懷、慈悲時，心臟會出現協調的頻率，使心血管功能良好，神經系統處於平衡狀態。」

心和腦不一致時，心終將獲勝；心的命令，可以凌駕頭腦

值得提醒的是：心和腦不一致的時候，心終將會獲勝。但前提是：你願意覺察。然後，用心邀請腦一起合作，才能達到所謂「心腦相依」的境界。否則，很容易生病、或感覺運氣不順。

《療癒密碼》（方智出版）兩位作者亞歷山大・洛伊德、班・強生（Alexander Loyd,Ben Johnson）在書中分享一項實驗，讓受測者用兩隻手

夾著一條綁著鑰匙的細繩，看鑰匙會不會透過想像的心念，隨著指令，在圓形如披薩的圖上所標示的1、2、3、4四個不同的區塊擺動，結果證明：「心的命令，可以凌駕頭腦。」（請見本頁左下方註釋，可放大圖案測試）

在這個實驗中，也有例外的情況，大約有百分之二十到二十五的受測者，手上的繩子和鑰匙，完全沒有晃動。

作者推測：他們很可能是基於保護自己不受傷害的理由，關閉了想像心智上的想像力，因此無法啟動讓心駕馭頭腦的機制。

關於頭腦和心的運作與關聯，印度靈性大師奧修（Osho）的說法是：「從生理學來看，頭和心之間的距離並不遠，只差了幾英吋而已，但就存在的特質來說，它們簡直就是天壤之別。」他同時也鼓勵學生：「學習如何把你的憤怒變成慈悲；將性變成愛；將貪婪變成分享！」

在我看來，這樣的學習，已經不只是為了自己的身心和諧而已，而是整個宇宙的接納與付出。

當然，我們也因此而獲得更多的愛與幸福。

請依照1、2、3、4，這四個不同區塊擺動。

心富可以帶來財富

當你不是為金錢而工作，你已經比別人富有千百倍。

除了健康，財富是人們最熱中追求的項目之一。但是，多數人對金錢的觀念是扭曲的。我在數百場主題與「財富」有關的演講中，詢問聽眾對金錢的看法。當我說出上一句：「錢，不是萬能！」時，他們可以在不經任何提示之下，分秒不差地接著講出下一句：「沒有錢，萬萬不能！」

幾乎沒有人發現：「錢，不是萬能！」和「沒有錢，萬萬不能！」是截然不同的價值觀。當我以趣味的方式，要求現場觀眾做出「二選一」的抉擇時，他們感到萬分難以取捨。

幸好真實的人生，沒有那麼為難，你可以在「夠用就好！」的心態之下，繼續很保守的追求更多財富。只要沒有抱持對金錢匱乏的心態，就絕對有機會擁有更多的財富。如果可以更進一步具體釐清，內心真正的價值觀，或許可以容易、更快速、更有效率地達成屬於自己的目標。

例如：崇尚「錢，不是萬能！」的人，只要滿足基本生活需求之後，就可以把本來想用於賺更多錢及投資金融市場的成本及時間，用在人生其他非營利面向的追求，讓自己獲致更接近理想的滿足與快樂。而主張「沒有錢，萬萬不能！」的人，就可以花更多心思在於投資理財，讓自己的人生致富。

我曾在農曆年期間，路過一幢普通公寓，門前貼一張春聯，毛筆金漆的字體寫著：「心富勝於財富」。在學會「不妄加評論」的生活態度之後，我已經可以靜心欣賞書法之美，也很支持住戶以知足自我勉勵。

但其實「心富」和「財富」，不必二選一，兩者並不違背，也可以不必分出誰勝誰負。

金錢，是中性的東西。把金錢應用在正途，就會繁榮世界；把金錢浪費於揮霍，就會嘗到苦果。傳統教育常把擁有金錢，描述成銅臭的樣貌。其實只要你是靠努力或創意賺到財富，將錢使用於該花費的地方，或是樂於幫助需要的人，你的財庫就會永遠保持活絡，不會發臭。

「心富」可以帶來「財富」，不只是傳統說法中的「心靈富足」而已，更包括從內心徹底地相信、並且認為自己是個有錢的人，擁有財富的念頭就會替你實現真正的財富。

刪除心中「我沒錢」、「我很貪財」、「錢太多也是麻煩」這類的念頭，取而代之的是，告訴自己：「我有錢」、「我會理財」、「有多餘的錢就幫助需要的人」，財富就會湧向自己。

心靈和財富，非但不相違背，還可以相輔相成

我常覺得《秘密》（方智出版）在台灣已經不能單純地歸類於「心靈」書籍，而是可以跨領域變成理財書籍。因為很多人把它拿來當作「如何發財」的最佳指南。

只要認真研究「吸引力法則」，就會確認心靈和財富，非但不相違背，還可以相輔相成。全心投入工作，並非為了賺錢，而是因為你付出智慧或勞力，創造自己的價值。你對整個世界貢獻多少價值，就會獲得加倍的回饋。當你不是為金錢而工作，你已經比別人富有千百倍。

「心富」可以帶來「財富」；「財富」也能使人「心富」。一個人不論從事什麼工作，他能為這個社會帶來多少貢獻，所受到的祝福就有多大。

熱心服務別人，就是祝福自己。愈願意為別人付出，就等於是給自己更多祝福。

擁有財富的念頭，
就會替你實現真正的財富。

感恩是最高頻率的振動

感謝，讓自己更加謙卑，也使人際關係更和諧。

「吸引力法則」運作的關鍵原理是：頻率共振。如果你發出「感恩」的意念，就會以高頻吸引更多的「感恩」前來。誠如「讚美」和「祝福」的力量，都是正向能量的發送與回饋。而且「感恩」的本身，已經包括了「讚美」與「祝福」。

素來享有「吸引力法則專家」之稱的包博・道爾（Bob Doyle）曾說：「感恩真的是個很強大的力量。而且就跟情緒一樣，這能量也會吸引與其共鳴的能量。換句話說，當你心存感恩，就會吸引到更多值得感恩的事物。」

我分享這個觀念，並非想要鼓勵讀者用「功利導向」的想法去實踐「感恩」。向別人表達感謝，是很基本的禮貌，並不一定是要蓄意吸引更多好事發生。那些會繼續發生的好事都是很自然地隨之而來，即使你的意識完全無所求，身體也已經得到好處。

美國加州大學戴維斯分校的教授羅伯特．A．埃蒙斯（Robert A. Emmons），長期致力於研究積極思考的力量對人們如何受益。他發現一週之內感恩五次的人，活得更健康，更善於處理壓力。而且，感恩會使體內的「血清素」和「多巴胺」含量升高，這兩種化學物質可以令人產生愉悅感和滿足感。

接受別人的付出或服務，不只要心存感謝，還要把你對他的「感謝」親口說出來、用文字寫出來。能夠面對面地致謝，當然是最好的做法；萬一因為時空的限制，沒有辦法及時當面表達，就透過電話、電郵、簡訊、卡片、信件，讓對方知道你的謝意。

感恩，是一個良善的循環，在施與受之間，讓彼此都發光

有時候，會是一種很特殊的狀況，就是接受陌生人的幫助，沒有留下對方的聯絡方式，好像只能把感謝默默放在心底。其實這樣的心存感謝，很容易衍生成愧疚。

作家陳之藩先生的散文〈謝天〉，提出另一個可以表達感謝的方式，他說：「無論什麼事，得之於人者太多，出之於己者太少。因為需要感謝的人太多了，就感謝天罷。」

如果我們要感謝的人，目前不在身邊，或是數量真的多到無法一一致謝，以「謝天」的方式表達感謝，的確是很虔敬的方式。感謝天吧！是宇宙萬能的主宰，才能讓我們可以有這麼好的際遇。更何況，接受別人的幫助，尤其是來自陌生人的幫助，通常他們都是出於熱忱地伸出援手，完全不求回報。若不是天意，我們怎能如此幸運？

喜歡旅行的我，經常有機會在路途中接受陌生人的幫助。印象最深的是，多年前我到溫哥華時，不慎將隨身的背包遺失，所有的錢財及證照都掉了。由於部分半自助行程是早先訂好的，當地的旅行社依時派車來接我，不知情的司機向我索取當天行程的票券，我將遭竊的情況描述一遍，他核對名單後，通融地准許我上車出遊，前往維多利亞觀光。

下午兩點多，一對來自美國的老夫婦，誠懇地走到我面前，將他們的好意摺疊在溫暖的手中，遞給我美金二十元，輕聲說：「我們剛剛聽見你的情況。請一定要收下這一點錢，去吃頓午飯。」

我請求他們留下地址，等我回到台灣把錢寄還，他們卻婉謝這個請求，微笑地說：「出門在外難免會碰上這些事，請你留著這份心意，將來可以幫助其他陌生人。」

這是一次難忘的經驗，不只讓我深深感動，而且有所學習。感恩，是一個良善的循環，在施與受之間，讓彼此都發光。如果因為對方完全不求回報，而無法報答當初幫助過自己的人，就在心底存著這份感謝，繼續去幫助別人吧。

當你發出「感恩」的訊息，
就會得到更多的幸福。

感謝願意接受幫助的人，讓自己更加謙卑

除了對曾經幫助過我們的人，真誠地表達謝意之外；還有願意接受我們付出或幫助的人，也值得我們發自內心感恩。這是我從年少時，接受過很多人幫助，到了熟年自己比較有能力，可以為別人付出之後，很大的體會。

即使我們發自內心很單純地想做好事，並不是刻意要在行善中感受生命的美好，也不求對方回報，但總也得要有人願意接受幫助，而且讓這份付出化為對他有意義的價值；否則就算有滿腔的好心好意，沒有適當的接收對象，根本就送不出去。

還有一次很特別的經驗，我開車在停等紅燈時被後車追撞，幸好人車並無大礙。經交通警察前來處理，對方再三致歉，同意以保險理賠善後。我很真誠地向對方致謝。他很疑惑地說：「我不小心撞到你的車，你沒生氣還向我道謝？」我居然未經思考就回答：「至少你沒有把我的車撞到很嚴重，而且

你還願意用你的保險幫我修車，所以我要感謝你。」

發自內心、形諸於外的感謝，不但讓自己更加謙卑，也使人際關係更和諧。

華勒思・華特斯（Wallace D. Wattles）在著作《失落的致富經典》（方智出版）中，有兩段話很值得深思：「懂得感謝，將會讓你的心靈與宇宙的各種創造能量建立更密切和諧的關係。」「你過去所經歷的一切好事，都是因依循著某些特定的法則而來臨的。而感謝可以引導你的心靈，使其順著這法則去行，並讓你更能以創造性的思考方式，使你免於落入競爭性的思維之中。」

學會真正的感恩，而不只是禮貌上說「謝謝」，用心去感受「施」與「受」之間的善美與祝福的交流，並且可以隨時在兩種角色中互換，既樂於為別人付出，也願意接受別人的幫助，懂得更自在地享受人與人之間的好意——無愧於獲得，不吝惜付出！當你也能理解這個說法，就會讓心中的感恩充滿更多的愛。時時刻刻表達感恩，讓小我的愛從自己的心匯流出去，大我的愛又向自己的心反饋回來。

若無法報答當初幫助過自己的人，
就在心底存著這份感謝，
去幫助別人。

發現自己就是奇蹟

世界很多奇蹟，看起來好像是被創造出來的，但其實早就在那裡，等著你去發現。

在靈性學習上所有的努力與作為，就是要向內找回最完整的自己。或許那並非世俗眼中所評價的優秀卓越；但是在神的眼中，每個人都是完美的。因為每個人都是神創造的；而且每個人都是神的一部分。

向內心深處前去，你終將發現：神在裡面。你是神，神也是你。按照佛教的說法，每個人都可以成佛。其實，你就是佛，佛就是你。

我知道很多人會「卡」在以下這個問題：神就是上帝嗎？

因為我從小就接觸過不同的宗教，道教、佛教、基督教、天主教，身邊還有印度教、伊斯蘭教的朋友，自己以為內心已經開闊到可以包羅萬象地接納，各種教派勸人向善的教義，所以完全可以理解很多朋友，在靈性學習的過程中一個模糊的疑問：神究竟是誰？

宇宙中存在萬能的主宰，神，就是你內在最高的自己

我有幾位朋友，堅稱自己是「無神論者」或「懷疑論者」，他們遲遲沒有走進寺院、踏入教堂。據我所知，他們從小到大看到各種宗教複雜的儀式、或是宗教團體被人為的因素操弄而搞到烏煙瘴氣，就會感到困惑或排斥，因此不肯接觸宗教。

但是，每個人只要回到內心深處自問：為什麼太陽會升起、星光會隱退？為什麼花朵會開落、草木會榮枯？就知道這地球被設計得如此精密，背

後必定有個萬能的主宰！否則，我和你不可能相遇；你和他不會在一起。其實只要自問自答到這裡就好，至於你認為萬能的主宰，應該叫作什麼稱謂，真的不是最重要的，或者根本不重要。

猶如你不會因為父母的姓名，而增加或減損對於他們的愛與信任；無論他們的姓名是什麼，你永遠稱呼他們為爸媽，這就是最親密的稱呼了。

信仰，不只幫我的心靈打開一扇窗，也找到一把靈性的階梯。這裡我所說的信仰，並不是一般世俗提到的狹義的宗教，而是追求靈性的真相。這種信仰，不會侷限於任何一種宗教的儀式。換句話說，不論你是基督教徒、天主教徒、佛教徒，都可以找到內心最高的主宰。不管你怎麼稱呼，「基督」、「耶穌」、「瑪利亞」、「上帝」、「佛陀」、「觀世音」、「主神」、「指導靈」……祂愛你的事實，永遠不會改變。

神，就是神。神，就是你內在最高的自己。你，即將發現這個奇蹟。這世界很多奇蹟，看起來好像是被創造出來的。但那些奇蹟，其實是早就在那裡，等著你去發現。而宇宙中最偉大的奇蹟、最重要的創造，就是——發現自己。

可以透過練習而直接接觸神性，應儘量避免人為操控

為了發現自己，我這一路走來，都是以自修的方式學習居多。當然，也要感恩很多良師益友，提供我很多成長的機會。

包括：所有命理師、星座專家、通靈老師、宗教領袖、靈修朋友，甚至是愛算命、常占卜的好友……他們的指導與分享，讓我可以在向內尋找的過程中，更加清楚地覺察自己。

過去我也有過令人感到遺憾的經驗，例如：碰到藉由宣稱自己有法力，但實際上卻只想爭名奪利的命理老師；在官僚組織化的宗教團體中，以上師授權為名替自己增加勢力的幹部；還有一位老師竟對他遭遇輕微車禍的學員說：「這是神要懲罰你，給你警惕！」……讓我退避三舍。因為，在我心中，神很慈悲，是不會懲罰人的。

當時，或許會感到意外或失望；如今，我卻明白那些都是被自己的妄念

每個人都是神創造的；
而且，每個人都是神的一部分。

吸引而來，而且感謝他們幫助我看清楚「宗教」和「靈性」的差別。

靈性的修持，其實是尊重一切宗教，學習諸神的教導與智慧，但不被其中的人為因素影響，也不願受制於不當的掌控。

匯聚宇宙光源的神性，會以不同的方式對不同的民族和文化傳遞愛的訊息，無論你身處哪個地點、哪種文化，祂都一樣愛你。而同等重要的是：你是否也深深愛祂。

我和讀者互勉，融合各種宗教的智慧，用自己的方式修行，鼓勵自己可以透過練習，直接接觸神性，不假外求。

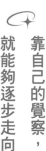

靠自己的覺察，就能夠逐步走向神性

在父親離世前住院四個月那段期間，我陪在他病床旁閱讀很多靈性與生死學的書。坦白說，剛開始閱讀的時候，父親剛住院，我尚未做好他可能會離開的準備。直到父親過世後，我確認他離開肉身，這件事幫我上了一堂通往靈性最深刻與直接的課程。

經過多年的學習及體會，我認為：狹義的宗教，是一種組織，只要沒有斂財騙色，可以幫助人們通往神性的引導；廣義的宗教，可以是日常的生活，若能擺脫人為介入的操作，靠自己的覺察，就能夠逐步走向神性。

就好像是計畫一趟前往神的國度旅行，你喜歡去旅行社報名跟團、還是三五好友結伴自助行、或是一個人獨自出發？

以上這三種方式，都有可能抵達神的國度；也都有可能迷路。

如果你要報名團體旅行，請找對適合自己的旅行社以及導遊；如果你要找志同道合的三五好友一起出發，彼此扶持、包容、能各自獨立，是個重點；如果你要單獨前往，務必做足功課。

廣義的宗教：
擺脫人為介入，靠自己的覺察，逐步走向神性。

以臣服釋放自己

唯有內在徹底的隨順，外在的連結才會和諧。

在尚未抵達神的國度之前，不要自不量力、不要妄自菲薄、不要操之過急，或許你還沒有辦法完全體認自己是神的一部分，請至少允許神的幫助，你將會發現：所有的奇蹟，都是你和神所共同創造。

如果你覺得自己已經非常努力，而生命的奇蹟卻遲遲沒有出現。我猜想有幾個原因：

1. 你對神的信任不足。其實這反映出來的是，你內在的自信問題。

2. 你對神還有些抗拒。就像你明明愛父母，卻不時要意氣地頂嘴。

3. 你的耐心還不太夠。凡事都要速成，這是目前社會的集體意識。當自我的意識過於強烈時，很容易忽略內在最高的神性意識。就像你在地面急著往目的地亂竄，中間又碰到很多高樓，阻擋你和靈性連結的訊號。這時候，最重要的是，就近找到空曠的地方停下來，讓神找到你，然後靜下心來接受祂的指引。

倘若你的情況已經危急到猶如不會游泳的人，突然遭遇船難而落海，最好的急救自己方式就是：四肢完全放鬆、腦袋徹底放空。只要能夠做到，整個人就可以立刻浮上來輕輕漂著。你會替自己爭取更多時間，等待救援。愈是盲目的掙扎，反而愈容易沉淪。

臣服，展現出內在對神性百分百的信任；這也就是「盡人事；聽天命。」兩個概念的極致伸展，最終會因為相互和諧而合一。

臣服，是接納的開始；心順則力揚，心逆則力挫

有一則很經典的小故事，提到落海的男子罹難後到天堂，終於遇見他所信仰的神，於是向祂埋怨：「我生前這麼相信祢，當我落海時，在緊急關頭，祢為什麼沒有出手救我？」

慈愛的神回答：「我前後分別指派了舢舨、小漁船、和直昇機，前往營救你三次，可是你都不認為他們可以幫到你，是你放棄被援救，不是我不救你。」這段人與神之間，簡單而趣味的對話裡，卻有深刻而豐富的省思。過度執著，往往是通往靈性的障礙。

雖然這幾年，大家常聽到的勸勉就是：「放下。」但是，這的確很不容易做到；除非，你願意臣服。

臣服，是接納的開始。甚至，只要願意臣服，即使不用刻意要求自己必須放下，都不會有任何罣礙。

《當下的力量》（橡實文化）作者艾克哈特．托勒（Eckhart Tolle）說：「臣服是一種簡單而深邃的智慧，是要人順著生命之流，而不要逆流而游。你能夠經驗生命之流的唯一時刻就是當下，臣服意謂著就是無條件和無保留地接納使此時此刻，停止對本然做出內在的抗拒，停止好惡評價並擺脫負面情緒。」

經過很多的學習之後，我創造出：「心順力揚」的原理。無論是順境或逆境，只要臣服於內在最高的神性，坦然接受當下，就可以生出面對與處理的正向力量。反之，會有「心逆力挫」的反應。倘若遭遇不如小我預期的事情，就怨天尤人，不斷跟上天抗議：「為什麼是我!?」自己覺得很挫折，力量也就被削弱。

只要臣服於內在最高的神性，
坦然接受當下，
就可以生出正向力量。

找到愛與寬容的力量，擁抱自己的內在小孩；停止與世界為敵，開始去愛

內在的臣服，並不完全等同於世俗說法中的「認命」。因為「認命」比較消極，而且常有負面情緒。

臣服，是要先放下對於外在的分析與評論，純然回到內在去認真地經驗自己。只要願意臣服，就能夠很快地找到愛與寬容的力量，擁抱自己的內在小孩，撫慰不安的情緒，與心中的「高我」合作，獲得天使的訊息，用正確的方式去付諸積極的行動。

我在教授有關「心靈成長」主題的課程時，為了深入淺出解釋靈性的概念，常用台灣民眾最常接觸的口語，來呈現深刻意涵的自我修行。臣服，最簡單的解釋就是「甘願」的意思。只要對眼前所遭遇的一切，抱持「心甘情願」的態度去接受以及處理，心平了、氣順了，事情也就會得到很好的解決。

法鼓山的聖嚴師父，曾經親手寫過一則短信給我，信末最後一行開示：

「順逆都是好因緣」。簡簡單單一句話，讓我體會到臣服巨大的力量。

人們在碰到逆境時，特別容易抗拒。因為大眾通常對逆境的解釋，都帶有負面觀感。只有經過很多人生閱歷，而且懂得內省的人，才會知道每個逆境都是禮物。

抗拒的心態，常讓我們逃避面對或延遲處理；臣服的意願，反而是更正向的想法，可以產生積極的作為。

唯有內在徹底的隨順，外在的連結才會和諧。瑪莉安・威廉森（Marianne Williamson）在《愛的奇蹟課程》書中的一段話，讀來令人感動至深：「臣服僅僅意謂著，停止與世界為敵的決心，開始去愛這個世界。臣服是溫柔地把自己從痛苦中釋放出來。釋放不是只掙脫一切，而是輕柔地與我們自己融合為一。」

每個逆境都是禮物。

空無就是圓滿

即使人生無常，也可以在環境的變化莫測中，欣賞自己的無限可能。

如果所有向內出發找回自己的努力，都終將回歸到零的狀態，這段旅程究竟有何意義？

很多學員問過我這個問題。乍聽之下，我的直覺反應很有趣：「是喔，我怎麼從來沒有這個疑問過？」

這可能要歸功於從小看很多童話書，所有尋找寶藏的故事好像都是這樣寫的，主人歷經千辛萬苦去尋寶，最後寶藏竟在出發時的那棵樹下，有個故事的結局實在有趣，竟就在他每晚睡覺的床下。

尚未學習靈性課程之前，我的想法倒也很簡單，就是類似「結果，不重要；過程，比較有意義。」直到閱讀很多靈性的書籍，加上更深的人生歷練，我才知道：過程和結果，都很重要，也具有意義。

靈魂來到這個世界，透過肉身的運作，就是要從經歷「二元對立」的價值衝突，去學習辨識自己的任務。在體驗過大部分短暫的幻相過後，會真正留下的就是唯一的實相——愛。

從脫離母親子宮的那一刻，嬰兒嚎啕大哭開始，這場探索靈性的旅途就已經啟程。那是每個人首次歷經的撕扯和分裂，為的就是學會體認「擁抱」是一件多麼幸福的事。但「小我」的恐懼，常讓我們誤以為自己不再被愛。

現代的育嬰觀念，將靈性的觀念融入其中，主張應該將出生的嬰兒，立刻溫柔地抱在溫水中，讓他得到安全感，持續擁有愛的感覺。實驗也證明：在充滿愛中長大的小孩，會比較有安全感，而且願意開放地分享，不會常因為恐懼而封閉自己。

如果父母沒有給孩子足夠的愛，這也是孩子自己選擇的經歷，他的靈性課程正是從誤解自己不被愛，到學會愛自己，然後重新去愛。感覺自己內在有欠缺的部分，只能靠自己去填滿，如果向外去乞討，只會讓自己更加匱乏。

抱著「莫忘初衷」的誠心，去面對每個階段探索到的自己

聞名國際的導演李安，每部電影作品都含有愛的深義。在《臥虎藏龍》中的經典台詞：「把手握緊，裡面什麼也沒有；把手鬆開，你擁有的是一切！」看似淺白的話語，含有深刻的哲理。

而此刻的你，想擁有什麼呢？一段親密關係、一筆財富、一位知己、一具健康的身體、還是一個充滿靈性的自己？

靈性作家瑪莉安．威廉森（Marianne Williamson）引述禪宗有關於「初心」的說法：「人的心智應該像一個空碗。這個碗若是滿溢，宇宙就無法再

倒東西進來；當這個碗是空的時，才有容納的空間。這個意思是，當我們自以為學會了什麼，就無法再多學習到什麼；當心智封閉起來，我們就無法領受真正的智慧。臣服，就是讓心智淨空的過程。」

如果我們可以時時抱著「莫忘初衷」的誠心，去面對每個階段探索到的自己，每當我們得到一些，就再放下一些，讓自己保持謙虛。

即使見識人生無常，也可以得到很正向的解釋，在環境的變化莫測中，欣賞自己的無限可能。

就像「零極限」的理論，不斷強調透過持續的清理，回到「零」的狀態，神性才會開始發揮作用。

佛陀說：「要先到達空的境界，才會真正地開悟。」

試著專注凝視〇這個圖案，問問自己：「這是空無、還是圓滿呢？」我曾經很習慣以二元對立的方式思考，以為它是一個相對的概念，或是一體的兩面，端視你要從哪個觀點來看，但其實它們是同一件事。空無，就是圓滿；圓滿，就是空無。

靈魂的任務是：
經歷「二元對立」的價值衝突，
去學習辨識自己的任務。

不必執著於幻相，終而學會放下；每個當下都是「空無」，心就自由了

父親驟然離世，我依照傳統的佛教禮儀為他送行，親自在他的大體旁連續誦經八個小時，讓他的靈魂可以平靜地脫離肉身。此後，好長的一段時間，我持續默誦《心經》，為他祝禱。經文中有：「觀自在菩薩。行深般若波羅蜜多時。照見五蘊皆空。度一切苦厄。舍利子。色不異空。空不異色。色即是空。空即是色。受想行識。亦復如是。舍利子。是諸法空相。不生不滅。不垢不淨。不增不減……」

後來，我在作品《先放手，再放心》（悅知文化）分享我從《心經》學到的人生智慧，也發行《靜心書寫，活得像雲般自由》線裝抄經本，與大家共修。每次默誦《心經》，隨著人生階段不同，而有不同領悟。佛教講的「空無」，並非直接等同於「不存在」的意思；而是說所有的因緣都是和合而生，沒有實在的自體，本性為空。並且勉勵眾生不必執著於幻相，終而學會

放下。

佛教最核心的教義，就是要幫助每一個人回到「空無」的狀態；每個當下都是「空無」，心就自由了。

很多朋友看完由小說《少年Pi的奇幻漂流》改編，李安導演的同名電影，都大受感動。

我問他們，是否看到很多畫面，置入不少靈性的圖騰？包括：在電影剛開始，少年Pi的家鄉，以及海上的星空。大部分的朋友都說沒有特別留意。倒是大家都記得這句最經典的台詞，老虎上岸離去時，Pi的萬千感慨：「人生到頭來就是不斷地放下，但遺憾的是，我們卻來不及好好道別。」

走出電影院時，抬頭仰望天空，我心底想的是：有一天，當我可以揮別象徵「小我內在恐懼」的老虎時，會用什麼方式跟過去的自己好好道別？

或是，根本不必說再見？

愛，將是最終的答案。

抱著「莫忘初衷」的誠心，
去面對每個階段探索到的自己。

心鈴響叮噹

✦靈魂透過肉身去經歷種種不是愛的幻相，才能學會清楚辨識什麼叫做真正完整的愛。正如我們克服了恐懼的虛妄之後，終於明瞭：愛，是豐盈。

✦或許，每個人小小的光束，閃閃爍爍會顯得很微渺；但是，只要匯集起來，就會成為炫耀奪目的銀河。

✦願意學習平靜自己的內在，才能保持身心和諧的狀態。

✦所謂的「EQ情緒管理」並不是要你管制情緒，而是要覺察情緒，敏感地知道它的高低起伏，同時找到抒解情緒的方法。

✦身體的每一個細胞，都深深受到情緒的影響。知足與快樂的思維，可以讓健康的細胞得到滋養與活力；懺悔和感恩的情緒，能夠讓受損的細胞獲致安撫和療癒。

✦金錢，是很中性的東西。把金錢應用在正途，就會繁榮世界；把金錢浪費於揮霍，就會嘗到苦果。

✦全心投入工作，並非為了賺錢，而是因為你的興趣與專長可以服務別人，你付出智慧或勞力，創造自己的價值。你對整個世界貢獻多少價值，就會獲得加倍的回饋。當你不是為金錢而工作，你已經比別人富有千百倍。

✦發自內心、形諸於外的感謝，不但讓自己更加謙卑，也使人際關係更和諧。

✦時時刻刻表達感恩，讓小我的愛從自己的心匯流出去，大我的愛又向自己的心反饋回來。

✦這世界很多奇蹟，看起來好像是被創造出來的。但那些奇蹟，其實是早就在那裡，等著你去發現。而宇宙中最偉大的奇蹟、最重要的創造，就是——發現自己。

✦臣服，是要先放下對於外在分析與評論，純然回到內在去認真地經驗自己。只要願意臣服，就能夠很快地找到愛與寬容的力量，擁抱自己的內在小孩，撫慰不安的情緒，與心中的「高我」合作，獲得天使的訊息，用正確的方式去付諸積極的行動。

✦抗拒的心態，常讓我們逃避面對或延遲處理；臣服的意願，反而是更正向的想法，可以產生積極的作為。

✦唯有內在徹底的隨順，外在的連結才會和諧。時時抱著「莫忘初衷」的誠心，去面對每個階段探索到的自己，每當我們得到一些，就再放下一些，讓自己保持謙虛。

當下就是新生

——向宇宙召喚幸福，踏上靈魂鍛鍊的旅程

作　　者　吳若權 Eric Wu

責任編輯　鄭世佳 Josephine Cheng
　　　　　許芳菁 Carolyn Hsu
責任行銷　朱韻淑 Vina Ju
封面裝幀　莊謹銘 Chris Chuang
版面構成　張語辰 Chang Chen
內頁插畫　Damee Wu
圖片使用　PIXTA
校　　對　許芳菁 Carolyn Hsu

發 行 人　林隆奮 Frank Lin
社　　長　蘇國林 Green Su

總 編 輯　葉怡慧 Carol Yeh
主　　編　鄭世佳 Josephine Cheng
行銷主任　朱韻淑 Vina Ju
業務處長　吳宗庭 Tim Wu
業務主任　蘇倍生 Benson Su
業務專員　鍾依娟 Irina Chung
業務秘書　陳曉琪 Angel Chen
　　　　　莊皓雯 Gia Chuang

發行公司　悅知文化　精誠資訊股份有限公司
地　　址　105台北市松山區復興北路99號12樓
專　　線　(02) 2719-8811
傳　　真　(02) 2719-7980
網　　址　http://www.delightpress.com.tw
客服信箱　cs@delightpress.com.tw
I S B N　978-626-7406-49-6
建議售價　新台幣３８０元
首版一刷　２０２４年０４月

國家圖書館出版品預行編目資料

當下就是新生：向宇宙召喚幸福，踏上靈魂鍛鍊的旅程／吳若權. -- 初版. -- 臺北市：精誠資訊股份有限公司, 2024.04
304面；14.8×21公分
ISBN 978-626-7406-49-6（平裝）
1.CST: 人生哲學 2.CST: 修身
191.9　　113003450

建議分類｜心理勵志、宗教命理

攝影—謝文創　攝影協力—宋美芳　妝髮—張馨元
造型—游亦舫　髮型—楊牡丹
眼鏡造型—楊書維（玩．美鏡 02-87726679）

本書改版自二〇一三年《向宇宙召喚幸福》

悅知文化 Delight Press

線上讀者問卷 TAKE OUR ONLINE READER SURVEY

創造自己，
既是最偉大的奇蹟；
放下自己，
也是最重要的練習。

——《當下就是新生》

請拿出手機掃描以下QRcode或輸入以下網址，即可連結讀者問卷。
關於這本書的任何閱讀心得或建議，歡迎與我們分享 :)

https://bit.ly/3ioQ55B

Invitation

你的一小段話，
將會是我們成長的動力！

吳若權讀友募集活動開始了，

謝謝你因為《當下就是新生》

而成為我們的好朋友。

如果你對新書有任何建議，或是對作者有說的話，

都能在這裡留言喔，我們也會不定期放在書中分享。

現正開放登錄中

成為好朋友，可以享有以下優惠：

- 搶先新書訊息不漏接！
- 好康活動，第一個想到你！

同場加映

[YouTube]
吳若權的幸福書房

[Podcast]
權式重點

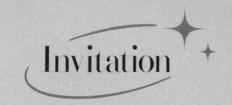